소년 빨치산 김영승과 그의 동지들

일러두기

이 책은 작가의 입장에서 6.25 한국전쟁은 조국해방전쟁으로 표현되었으며, 빨치산 토벌대는 적으로 표현되었다. 또한 김일성 장군 등의 표현도 작가의 입장에서 작가가 표현한 그대로 표기하였다.

소년 빨치산 김영승과 그의 동지들

김영승 지음

사랑도 청춘도 목숨도
조국의 통일을 위해

Magic House
Open Your Thinking

다시 불을 뿜는 빨치산 소총

지창영[1]

다시 불을 뿜는 빨치산 소총
김영승 회고록에는 피가 배어 있습니다.
그 한 권의 책에 담겨 있는 눈물이 강물로 넘칩니다.
책장마다 총성이 울리고 화약 냄새가 물씬 풍깁니다.

일제로부터 해방된 땅이
진정 내 나라가 되지 못하던 날부터
반도 남쪽은 전쟁터가 되었습니다.
잘못된 시대는 16세 소년을 역사의 중심으로 불러내
어린 빨치산으로 연단[2]시켰습니다.

---

1) 지창영: 시인, 민족작가회의 사무총장
2) 연단: 鍊鍛, 쇠붙이를 불에 달군 후 두드려서 단단하게 함.

금성산 골짜기
울며불며 매달리는 어린 동생들 억지로 떼어 놓고
"살고 죽는 것은 너희들 운명에 맡긴다."며
강행군에 나서는 발걸음이 얼마나 단호했던지
소총을 거머쥔 손은 또 얼마나 견결했던지
해방을 찾아서 그렇게 싸워야만 하는 시기였습니다.

군인의 신분으로 어찌 동족을 죽일 수 있느냐며
제주도 민간인 토벌을 거부하고 나선
여수 14연대 애국 군인들도
빨치산으로 산에서 만났습니다.

회고록 글발 속에는
김용우 기요원 조동만 박영발 리영원 김선우 등
먼저 간 동지의 이름자들이
그 겨울 앙상한 나뭇가지 사이로 빛나던 별처럼
또박또박 박혀 있습니다.

박격포에 맞아 찢긴 살점들이
소나무 가지에 묻어 달빛에 반짝이던 골짜기
총구의 불꽃처럼 애국의 열기로 심장을 태우다가

토벌이라는 이름의 학살에 희생된 수많은 전사
그 이름은 비록 산산이 흩어졌어도
그 행적은 고스란히 살아 우리의 심장을 펌프질합니다.

총 포탄 되어 시대를 관통해 온 소년 빨치산
총알이 박힌 몸으로 총을 놓지 않았던
당신이 죽지 않고 살아 남았기에
당대의 전사들이 죽어서도 살아 있습니다.
죽어간 빨치산들이
책 속에서 펄펄 살아 움직입니다.

김영승 회고록은
끝나지 않은 반제 투쟁의 역사입니다.

한 글자 한 글자가 적을 향해 발사하는 총탄입니다.
한 구절 한 구절이 동지애의 눈물입니다.
한 장 한 장 넘길 때마다 배어나는 피가
그날의 격전, 그날의 사랑,
그날의 한스런 희생을 증언합니다.

김영승 회고록은

제국주의를 향해 울리는 또 한 발의 총포성입니다.
누가 참된 군인이고 누가 적인지를 명확히 가릅니다.
미제침략군에 대항하여 어떻게 싸웠는지
어떻게 싸워 가야 하는지 밝혀 주는 횃불입니다.

코리아반도를 전쟁의 무대로 만들어 놓고
동족끼리 죽고 죽이도록 연출하고
불바다가 되도록 배후조종하던 총감독은
다름 아닌 미제 양키라는 사실을 똑바로 보라 합니다.

쓰러진 동지의 목을 베어 가던 토벌대
적탄에 동지들의 뼈가 부서지고
포탄에 피와 살이 튀는 것을 보면서
울며 퇴각해야 했던 설움
그날의 원한을 되갚을 날이
지금 우리 앞에 와 있습니다.

70년 전 소년 빨치산이 쏘아붙인 총탄이 있어
오늘 제국이 비틀거립니다.
죽음을 초월하여 보위하던 강철 같은 신념이,
35년 9개월을 교도소에 가두어도 변치 않는 결의가

결코 헛된 것이 아니었습니다.

우리 민족은 더 이상 나약하지 않습니다.

꽁꽁 언 손으로 거머쥐었던 그날의 소총은

대륙을 건너 제국의 급소를 겨냥하는 철추가 되었습니다.

전 세계 자주 대오가 하나로 뭉치고 있습니다.

세계 곳곳에 불을 질러 놓고

제 잇속만 차리다가 몰락해 가는 미제

그 꽁무니에 불이 붙었습니다.

소년 빨치산의 싸움은 승리를 향해 가고 있습니다.

조국통일의 고지가 눈앞에 보입니다.

불갑산 유치산 백운산 지리산을 누비며 날고뛰던

16세 소년 빨치산이 살아서 그날을 맞이합니다.

김영승 회고록은 자주를 위해 싸우는

오늘의 전사들에게 용기와 신념을 주고

향도가 되어 앞길을 밝혀 줍니다.

신념과 행동이 하나로 응축된 역사의 증언 속에서

당신과 우리는 하나가 됩니다.

그날처럼 가늠쇠 위에 미제를 올려놓고
사상을 장전하라 합니다.
자주를 위해, 통일을 위해 함께 싸우는 동지들의 눈빛은
그날의 전사들처럼 형형히 빛납니다.
죽어서도 살아 있는 전사들과 함께하기에
내일 떠오르는 태양은 그 어느 때보다 밝게
온 천지를 찬란히 비출 것입니다.

제1장

교도소에서의 목숨 건 투쟁

남원 포로수용소

　1953년 7월 27일 정전협정이 체결된 후 미제와 이승만 정권은 일선에 주둔했던 5사단을 후방 빨치산 토벌에 동원했다. 5사단은 남원읍에 사단본부를 설치하고 53년 가을부터 야지에서 시작해 지리산, 백운산 등지로 압축해 침공해 들어오고 있었다.

　전남도당부는 이미 정전협정이 체결되면 미제가 일선 정규군대를 후방으로 돌려 빨치산 토벌을 위해 침공해 들어올 것을 예견하고 지하로 내려가 대중 속에 박힐 수 있는 동지들을 선별하여 속속 내려보내고 있었다. 총상을 입은 환자들도 선별해 내려보내는 사업을 전개하였다. 그러나 투쟁의 과정에서 동지애로 정이 들어 지하로 내려가지 않고 최후까지 남아 함께 투쟁하겠다며 거부하는 동지들도 있었다. 환자 동지들도 마찬가지였다. 하지만 당의 결정을 받들고 속속 내려가고 있었다.

　지하에 박힐 수 없는 건장한 동지들을 중심으로 산에 남아 최후까지 투쟁하게 되었다. 중상을 당한 환자 중에도 끝까지 남아 싸우다 죽겠

다고 눈물까지 흘리며 버티는 동지들
도 있었다. 그렇지만 산에 남아 있으면
다 희생되기 때문에 자수를 해서라도
내려보내는 방법을 제시하기도 했다.
마음만 변치 말고 살아 있으면 언젠가
동지들과 재회할 수 있다고 설득하여
내려보내는 눈물겨운 장면이었다.

체포 직후 김영승

　필자는 1954년 2월 20일에 백운산 옥룡 골짜기에서 전투 중 중상을
입은 채 생포되어 하룻밤을 적의 토굴에서 보내고 광양읍 5사단 연대
본부로 이송되었다.

　연대본부 의무과 병동에 와보니 중상당한 동지들이 많이 있었다. 당
시 백운산의 의무과장이자 전남부대 강사였던 리영원[3] 동지가 중상
당하여 있는 것을 보았다. 그중에는 도당부위원장인 염형기 동지의
목을 잘라 담요로 싸서 가져오고, 당시 전남부대 정치위원인 양순기
동지의 목도 잘라 담요에 싸서 가져왔던 것을 한번 보라고 했으나 보
지 않았다.

　광양읍에서 이틀을 침상에 있다가 남원 5사단 본부 의무실에 도착
했다. 이때 연대 정보과 자들이 자기들끼리 주고받는 말을 들으니 "김
영승은 똑똑해서 잘 설득하여 같이 생활할 수 있도록 하자"는 말도 들

---

3) 리영원: 전남 장흥군. 대구의전 출신

었다.

그들은 무슨 근거로 그렇게 말했을까? 뒤에 알게 된 것이지만 앞서 생포된 자들이 편하게 살아 보려고 속속들이 정보를 제공한 사실을 알게 되었다.

사단본부 의무실에 환자가 오면 일종의 '상태 심사'라는 것을 하고 있었다. 상태 심사를 통해 읍 이동외과병원으로 보낼 사람과 수용소에 보내 치료할 사람을 분류했다. 그 심사를 통해 필자는 중상 상태가 크기 때문에 읍 이동외과병원으로 이송되었다.

이동외과병원에 와보니 한쪽은 국군 환자들이고 한쪽은 빨치산 출신 총상 환자들이 즐비하게 병상 하나씩을 차지하고 있었다. 이 중에는 여성 동지들도 오륙 명이 있었다.

낮이나 밤이나 총상 환자들은 부상 치료를 제대로 해주지 않아 앓는 소리가 장내를 흔들다시피 하고 있었다. 적들은 '의술은 인술이다'라는 것은 찾아볼 수 없고, 치료 약이 아깝다는 말까지 하며 기왕 죽어 나갈 것이기 때문에 치료가 필요 없다고까지 했다. 그렇다 보니 잔인한 참상 속에서 살아나온 사람은 극소수에 불과할 수밖에 없는 만행을 보이기도 했다.

전남부대 참모장 최복삼[4] 동지는 총탄이 배꼽을 뚫고 들어가서 등으로 나왔는데 하반신이 마비되어 피가 통하지 않았다. 발끝에서 썩어

---

4) 최복삼: 전남 구례군 간전면 출신

들어가 양다리가 다 썩어 결국에는 병원에서 비참하게 생을 마감했다. 최복삼 동지는 나에게 "동지는 살아 나가 여기서 내가 비참하게 죽었다는 것을 알려달라"는 유언을 남기기도 했다. 지금도 눈에 선하다.

리영원 동지는 뜻밖에도 일제 강점기 때 동경 유학 시절을 함께했던 친구가 해방되자 노선이 갈라져 각기 다른 길을 걸어오다가 병원에서 극적인 상봉을 하게 되었다. 그는 소령으로서 이동병원 원장이었다.

그는 "친구의 우정을 생각해서 어떻게 해서라도 자네만큼은 꼭 살려내고 말겠네"하고 적극적인 치료를 해 살아 나왔다. 필자는 바로 리영원 동지 침상과 나란히 있었기 때문에 주고받는 말을 다 들을 수 있었다.

그리고 도당 선전부 부부장이었던 김석우[5] 동지는 총탄이 배꼽을 뚫고 나갔는데도 창자와 창자 사이로 관통해 입원한 지 일주일 만에 퇴원하여 수용소로 이동했다. 이때 정보과 놈들이 찾아와 정보를 수집하는데 내 침상 바로 앞에 있었기 때문에 간부라고 존대하며 이야기 중에 내 말이 나와 산에 있을 때 썼던 용어대로 '선전 부부장 동지'라고 놈들 앞에서 부르는 말을 듣고 여기서도 동지란 말을 쓴다고 질책받기도 했다. 지금은 동지란 말이 거의 보편화되어 있지만, 이때 놈들은 '동지'란 말을 쓰지 말라고 신신당부했으나 단번에 고쳐지지 않았다. 특무대 심사 과정에서도 동지란 말을 써서 두들겨 맞기도 했으나

---

5) 김석우: 함흥외과대학교 부부장. 정치공작대로 남하.

한동안은 고쳐지지 않았다.

필자는 상처가 거의 아물어 가는 과정에서 3월 22일경에 퇴원하여 수용소로 돌아와 다른 경상 환자들과 같이 치료받으며 생활하게 되었다.

수용소 천막은 4개 동인데 그중에 여성 동지들이 한 동을 차지하고 있었다. 수용소에 와보니 남쪽 땅 각처에서 생포된 남녀 동지들이 모여 있는 것을 확인할 수 있었다. 한 천막에 사오십 명 정도 있는데 천막의 생포자 중에 직위가 제일 높은 자가 소대장이 되어 아침 점심 저녁 점호가 있었다. 그리고 군목이란 자가 매일 천막을 떠돌아다니며 눈을 감으라 하고 요한복음 3장 16절[6]을 낭송했다. 똑같은 구절을 매일 낭송하니 자기도 모르는 사이 뇌리에 박혀 지금까지도 이 구절만큼은 잊지 않고 있다. 이렇게 하여 세뇌되고 있는가를 실감하게 된다.

1954년 4월 초에 눈을 감으라 하고 기독교를 믿겠다고 생각하는 사람은 손을 들으라고 하니 다 손을 들고 필자만 손을 들지 않았다.

이때 모두가 특무대에 차례로 불려 나가 조사받는 상황을 보고 어떻게 해서라도 살아 나가 보려고 아부 아첨하는 꼬락서니를 보면서 서로 통하는 몇몇 동지들이 "재산시在山時에도 상부에 잘 보이려고 하부 실정을 전혀 고려하지 않고 내려 먹이는 일꾼들이 체포된 뒤에도 마

---

6) 요한복음 3장 16절: 하나님이 세상을 이처럼 사랑하사, 독생자를 주셨으니, 이는 그를 믿는 자마다 멸망하지 않고 영생을 얻게 하려 하심이라. (기독교 번역).

찬가지임을 절실하게 느꼈다"고 주고받기도 했다.

4월 들어 본격적인 특무대 심사가 시작되어 군법에 회부해 재판이 시작되었다. 이 과정에서 경남도 사령부 정치위원이었던 이봉갑 씨가 사단 헌병대 대위와 함께 수용소 천막을 돌아다녔다. 대위가 하는 말이 "이봉갑 씨는 포로된 사람 중 제일 똑똑한 사람이라고 칭찬하며 현명한 선택을 하라"고 한 말도 생생하게 기억하고 있다. 그렇게 이봉갑 씨는 적들에게 이용당하고 있었다. 징역도 안 받고 나가 생활하다 다시 체포되어 교도소에 들어오는 과정에 정신이상까지 생겨 결국에 죽고 말았다는 소식만 접할 뿐이다.

4월 중순에 체포되어 수용소에 감금된 사람 중 재산시 소대장 이상 면당위원장급 이상은 적들에게 불려 나가 남원방송국에서 강제로 전향하는 성명을 발표하기도 했다. 그때는 어떻게라도 살아날 수 있는 끄나풀이라도 있으면 잡으려고 하는 분위기였다.

필자는 병원에서 치료받는 관계로 제일 나중에 특무대 조사와 재판을 받았다.

4월 10일경에 제1차로 특무대에 불려 나갔다. 1차 조사 때는 나는 소년이고 총도 들지 않고 간부들 심부름만 했을 뿐이라고 진술해서 일부 동정받기도 했다. 특무대 심사관은 "내가 살려줄 터이니 학교에 들어가 공부나 열심히 하라"고 말하기도 했다. 그래서 징역 3~4년 정도 받지 않겠나 생각했다. 그런데 2차로 특무대에 불려 나갔을 때는 자기에게 거짓말을 했으니 도저히 용서할 수 없다고 하면서 반드시

시형받게 하겠다고 하면서 고발 서류를 내놓고 심문이 시작되었다.

전남부대 3중대 부중대장인 김원섭이란 자가 있었다. 그자는 1953년 10월 무등산에서 백운산으로 이동하여 3중대 부중대장을 하여 우리 1중대와 1954년 2월 20일까지 생사를 같이했기 때문에 누가 누가 어떻게 적들을 살상했는가를 잘 알고 있었다. 10월 이전 것은 모르기 때문에 말할 수 없고 이후 체포될 때까지는 속속들이 잘 알고 있었다. 변절자 김원섭의 밀고로 인하여 권영용[7] 중대장은 15년을 받았고, 김재복 동지는 10년을 받았는데, 다시 진행된 재판에서 중대장은 사형, 김재복[8] 동지는 무기형을 받았다.

필자는 1954년 4월 28일 남원고등군법에서 검찰의 1차 논고에는 처음 조사받은 것만 보고하기에 2차 조서는 겁만 주려고 한 것 아닌가 하고 철부지처럼 생각했으나 나중에 피고 김영승은 이외에도 어마어마한 사건이 있다는 말 하고서는 "아군을 살상한 것을 숨기고 있는 점을 고려할 때 마땅히 사형에 처해야 한다."고 힘을 주어 가면서 논고했다. 그래서 이제는 다 틀렸구나, 하고 생각했다.

몇 분간 휴정한 후 선고에서 유기징역을 먼저 선고하고 맨 마지막에 선고하기를 사형이라는 말하지 않고 "신중성을 고려하여 서면 통지함"이라는 말을 남기고 폐장했다. 주심의 선고가 떨어지자마자 헌병들

---

7) 권영용: 전남 강진
8) 김재복: 전남 광산. 전남부대 중대원

이 달라붙어 수정을 채우고 남원 유치장에 분리 감금시켰다. 유치장에 들어가 보니 경남도당 조병하 위원장 동지와 경남 간부들과 한방에 있었고 옆방에 남태준 동지가 있었다. 결국 나는 사형선고를 받았다.

남원 유치장에 있을 때 사단 헌병대 대위가 찾아와서 하는 말이 똑똑한 소년이어서 살려주려고 했는데 어마어마한 살인 범죄를 저질렀던 줄 몰랐다고 하면서도 서류심이 있으니 실망하지 말라고 위로했다. 그해 5월 10일 제1차로 사형을 받은 동지들 10여 명이 당시 육군 법무감실이 부산에서 대구로 이동했기 때문에 대구교도소로 이감되었다.

제2차로 사형을 받은 동지들이 대구교도소 미결로 이감 왔다. 필자는 소년이라 소년감방에 넣고 자주 전방을 시키고 있었다. 대구로 이감 온 사형수가 20여 명이었다.

필자는 54년 9월 10일에 칠팔 명의 동료와 함께 무기로 감형받아 교도소의 비전향 역사가 시작되었다.

대구교도소에서의 생활 실태

1954년 5월 10일에 남원 고등군법에서 사형을 선고받고 있다가 대구교도소[9]의 미결수 방에 들어갔다. 당시 수형 번호는 900번이다. 이 수형 번호는 교도소에서 이름은 부르지 않기에 자기 이름과 같다. 들어가면 입고 있던 옷은 보관되고 교도소에서 주는 푸른 제복을 입는다. 미결수는 아직 형이 확정 안 되었기 때문에 사복도 입는다.

가족들은 내가 체포되었다는 것을 모르고 있었고, 나 역시 전쟁 때 산속에만 있었기에 가족들의 생사를 알 길이 없었다. 그런데 관구부장이 사형을 선고받은 나를 측은하게 생각했는지 어느 하루 나를 불러내 하는 말이 "대구의 유명한 박철호 변호사를 한 번 만나볼 수 없는가?" 물어보기에 "만나서 무엇하는가?" 말하니 "육군 법무감실이 전쟁 때 부산에 있다가 정전되고 나서 대구에 올라와 있는데 서류 재심이

---

9) 교도소: 일제 강점기 이후 1961년까지는 교도소로 불리었다. 61년 이후 '행형법'을 개정하여 교도소로 개칭하였다. 이 책에서는 모두 교도소로 통일하여 표기하였다. 참고하기 바란다.

1959년 대구교도소 청사

있을 것이다. 사형을 받았어도 소년이고 하니 사형은 면할 수도 있다."
하며 만나보라고 했다. 그래서 수긍했다.

며칠 후 '변호사 면회'라고 불러내 나가서 면회했다. 이야기 중에 주
소가 어디며 가족이 살아 있다면 누구냐고 하기에 어머니, 아버지, 큰
형님을 대었다. 그리고 당시 재산이 얼마나 있느냐고 하기에 소작농
10마지기라고 했다. 마지막에 사형은 면할 수 있다고 하면서 우선 죽
지 않고 살아야 하지 않느냐고 하면서 면회는 끝나고 감방에 들어왔다.

그 당시 소년 사형수는 나를 포함해 두 사람뿐이었다. 사형수는 한
방에 오래 두지 않고 자주 전방시켰다.

매일 12시면 사이렌이 불고 각 감방을 엄중히 감시한다. 이날은 미
결에서 불러내 사형장으로 끌고 나가 사형을 시키는 날이었다. 그때

군경에 체포되어 사형대에 묶인 빨치산. 미국 국립문서기록보관청

나도 언제 부를지 모른다고 생각했지만 무덤덤했다. 전쟁 때 하루 제일 많이 사형시킬 때가 35명이었다고 얘기를 듣기도 했다.

이렇게 세월을 보내고 있는데 남원에서 한 달 후에 제2차로 사형수 동지들이 내 방 건너편에 왔다. 동지들을 보는 것은 운동 나갈 때와 검방할 때 아주 짧은 시간이었다. 이렇게라도 동지들의 얼굴을 볼 수 있으니 얼마나 기쁜지 모른다. 무기로 감형되는 9월 10일까지 볼 수 있었다. 그때 남태준 동지와 조병하 동지, 대전교도소 테러 때 전향한 김종래 동지를 볼 수 있었다.

김종래 동지는 순천에 고향을 두고 있으며 순천사범학교를 졸업하고 산에서는 전남부대 3중대 정치지도원을 했다.

여순항쟁 때 놈들이 가택수색을 하며 변소에 왔을 때 똥통에 들어가 머리를 박고 있다가 놈들이 간 후 겨우 살아남았다. 6.25 합법 공간 때 순천군당 조직부장을 하다 1950년 9.28 후퇴 후 도당학교에 입학하여 공부하다가 적들의 대공세로 인하여 공부를 할 수 없어 우리 전남부 대 3중대 정치지도원을 하게 되었다.

3중대는 모두가 전남도당 조직부 또는 선전부 지도원들이며 지방사업 나갈 때는 조직부 지도원으로서 사업하다가 도당에 들어오면 3중대 전투대원이 되었다.

이때 대구교도소에 어머님과 큰형님이 살아계셔서 면회를 왔다. 죽지 않고 살아서 만나니 반가움은 말할 수 없었다. 그러나 일시적인 것이 되었다. 변호사가 편지를 해 받아보고 왔다면서 어머님은 눈물만 흘린다. 어머님은 당시 생포자들이 김영승은 총을 맞고 숲속에 쓰러지는 것을 봤다고 해서 죽은 줄로 알고 잊고 살아오는데 뜻밖의 서신을 받고 긴가민가해서 찾아왔다고 하면서 눈물을 쏟았다.

"네가 사형을 받고 있기에 마지막이 될지도 모른다. 차라리 죽고 없으면 잊고 있었을 텐데, 언제 살아나와 같이 산다면 모르겠으나 죽을지 살지 장담할 수 없으니…" 하며 말을 흐리고 눈물만 흘리셨다.

"어머님 절대 죽지 않을 것이니 안심하세요." 하면서 소작농을 다 팔아서 변호사비로 쓸 수 없는가를 물으니 형님 대답이 살아날 수만 있다면 논밭이 문제 될 것 없으니 변호사와 면담해 보고 살 수 있는 것인지 알아보겠다고 말씀하셨다.

그 후 형님은 10여 마지기의 소작 농지를 다 팔고 문중 제실에 들어가 살면서 보름 후에 형님 혼자서 면회를 왔다.

면회시에 나는 변호사 만나보고 가능하면 돈을 쓰고 가능하지 않으면 돈을 쓸 필요 없다고 했다. 그리고 가능하면 다시 면회하고 그렇지 않으면 면회할 필요 없이 그냥 집으로 가시라고 했다. 그렇게 하겠다고 하면서 면회는 끝났다. 사실 마음속으로는 면회를 기다렸으나 해가 넘어가도 아무 소식이 없어 단념했다.

나중에 들은 얘기지만 형님은 효과가 없다는 것을 알고 그 돈으로 술타령만 하며 탕진했다고 한다.

소년수 2명이 사형수였는데 하나는 나이가 차니 집행되고 나만 살아 무기로 감형받았다. 1954년 5월 10일 점심때 이름을 불러 자기 감방 앞에 앉아 있으라 하고 한 10여 명이 서로 눈만 깜박이며 인사하고 중앙에 들어가니 간수 부장이 대뜸 "여러분들은 이제 살았으니 안심하라"고 하는 말을 듣고 안심했다.

그다음 날 전방을 시켜 소년수만 한방에 넣었다. 이감 숫자가 차면 김천소년교도소로 이감을 보냈다. 그간은 건빵 봉지 부치는 공장에 출력시켜서 4등식을 먹었다. 이렇게 10여 명이 되니 김천소년교도소로 이감시켜 1955년 5월 10일에 성인이 되니 안동교도소로 이감을 보냈다.

김천소년교도소에서의 생활 실태

대구교도소에서 1954년 9월 10일에 사형에서 무기로 확정된 후 10여 명이 모이면서 김천소년교도소로 이감되었다. 10여 명이 이감 와서 한방에 수용되었다. 이때는 전향 문제가 있지 않았다. 김천에서 수형 번호는 724번이다.

생활은 원시시대에 사는 것 같았다. 우선 밥을 먹는 취사도구가 모두 포탄 뚜껑이다. 전부 녹이 슬어 있고, 밥을 먹고 씻겨놓으면 녹이 파랗게 끼어 있다. 반찬은 개가 보고 하품한다는 머리는 크고 꼬리가 작은 성대[10]이다. 이것을 소금에 절였는데 짜기가 그지없다. 그래서 배가 고파 어쩔 수 없이 이 짠 것을 먹으면 물을 들이켠다.

밥은 3등인데 양은 30볼트 백열전구만 하다. 그래서 속된 말로 '3등은 전구'라고 말한다.

---

10) 성대: 주둥이는 길고 앞 끝이 조금 패어 있고 양쪽에 몇 개의 작은 가시가 있는 바닷물고기로 성대라고 하는데 성대를 보령 홍천에서는 싱대라고 부른다.

취사장 3년만 하면 집도 사고, 전답도 산다고 하는 말을 누구나 이구동성으로 했다. 한참 먹어대도 소화가 왕성한 소년들인데 전구만 한 밥을 먹고 살아날 길이 없었다. 이렇다 보니 배나 한번 부르게 먹고 죽어도 원한이 없다고 이구동성으로 말했다.

이런 조건 속에서 소위 '밥치기'란 말이 생겨났다. 그 내용을 말한다면 한방에 10여 명이 생활하는데 그 수가 10명이라면 한 사람에게 몰아주는 것이다. 보통 가위바위보를 해서 순서를 정한다. 그래서 맨 나중에 차례가 오는 재소자는 무려 열 끼니를 굶어야 한다.

굶은 배속에 한 번에 10덩이를 먹으면 주린 위장이 성할 수 없어 터지고 만다. 이렇게 밥치기를 한 재소자는 거의 죽었다고 한다. 그것도 전방이 잦아 먹고 타 방으로 전방하는 사람은 먹고 가니까 그래도 나은데, 몇 차례 굶고 떠나는 사람은 이해관계가 이만저만이 아니다. 우리 동지들이 일찍 체포되어 고문·구타당하고 먹지 못해 초기 교도소에 들어온 사람은 얼마 살지 못하고 죽어가는 사람이 많았다.

하룻저녁 자고 나면 사망자가 속출해서 사방 중앙에서 부장이란 자가 '시체 패통[11]' 하면 여기저기 방에서 패통을 치는 소리가 울렸다고 한다.

얼마나 배가 고팠으면 '밥이나 받아놓고 죽지'란 말이 생기기도 했

---

11) 패통: 교도소에서 재소자가 용무가 있을 때 담당 교도관을 부를 수 있도록 문에 마련한 장치

다. 사실 밥을 받아놓고 죽었으면 죽은 사람 밥은 감방에 있는 사람들이 먹게 되어 있었다.

내가 이감 갔을 때는 밥치기를 몰래 하는 재소자들은 많지 않았다.

당시 김천소년교도소에는 빨치산 출신 말고도 무기수가 꽤 있었다. 이들은 비상조치령법[12]에 의해서 무기를 받고 김천소년교도소에 감금되었다. 전시 절도범이 많았다. 전쟁 시기에 먹고 살기 위해서 일선 지역에 절도범이 많았다고 한다. 당시에 미군 물품이 많아서 절도 행위나 부정행위가 많았다고 한다.

소년수는 모두가 출역해서 가마니를 짠다든가 왕골로 방석을 짜고 있었다. 당시 지물 공장, 인쇄 공장, 무명에서 실을 뽑는 일 등을 했는데 교도소 밖으로 출력 나가는 일도 있었다.

당시는 간수나 재소자들의 범법·범칙이 만연화되어 있었다. 그래서 가족이 면회를 오는 재소자와 아무도 안 오는 재소자 간에 차별이 엄청 심했다.

나는 왕골로 방석을 만드는 작업 일을 하고 있었다. 그런데 1955년 봄에 어머님이 면회를 왔다. 큰조카 딸이 영치금을 마련했는데 식모살이해서 번 돈이라 했다. 그런데 그 영치금을 갖고 대구에 있는 줄 알고 대구에 갔다가 허탕을 치고 김천으로 오는 과정에 절도를 당해 한 푼

---

12) 비상조치령법: 비상사태하의범죄처벌에관한특별조치령. 단기 4283(서기 1950)년 6월 25일 북한의 침략으로 인하여 발생한 사태를 비상사태라 함.

도 넣어주지 못한다고 말씀하셨다. 당시 촌에서 올라오는 노인네들이 이렇게 절도 당하는 일이 비일비재했다.

그 후 영양을 보충하라고 보리와 팥으로 만든 미숫가루 한 말쯤이 소포로 왔는데 이것을 공장 사람들에게 다 나누어 주었다. 사실 나는 얼마 먹지 못했다. 나는 원래 남에게 주는 것을 일과처럼 생각하고 있었다. 이것 때문에 내 인기가 대단했다.

내가 이감 간 후 얼마 안 있어 전주에서 전남부대에 같이 있다가 1954년 2월 20일 한날 생포된 구례군 간전면 출신인 조정섭 동지와 김이호가 이감 왔다.

이감 온 조정섭 동지는 5년을 받아 성인 되어 55년도에 안동교도소에서 한번 보았다. 김이호는 광양군 인민위원장 아들이다. 부친은 백운산에서 희생되었다.

이호는 산에서 부르는 이름이고 원이름은 김택렬이다. 이호는 51년 동기 공세 때 생포되었다가 적들의 허술한 틈을 타서 탈출에 성공했다.

그렇게 잘 싸운 사람이 자기 살려고 교무과에 빌어 붙어 편하게 수형생활을 했다. 사실 이호나 조정섭은 체포되어 남원수용소에 직접 안 오고 적들의 군복을 입고 백운산을 다 토벌한 후 뒤늦게 남원수용소에 왔다.

그러니까 전향해서 이용당한 셈이다. 듣는 말로는 그 후에 김이호는 자기 징역 다 살지 않고 나가서 교무과장 연줄로 미국 유학까지 갔다는 소식이 들리고 있었다. 이자는 우리 사람이 아니다.

공장 밖에 우물이 있는데, 나무로 짠 배식 상자를 씻어 취사장 재소자가 가져가는데 소년 재소자들은 배가 고픈 것을 참지 못하고 우르르 쫓아가서 밥풀이 우물가에 떨어진 것을 주워 먹는다. 주워 먹다가 재소자 잡역이나 간수에게 무지하게 두들겨 맞아도 그 짓을 매일 하는 것이다.

한마디로 말해서 김천소년교도소는 범칙 왕국이요, 재소자들의 치열한 먹는 싸움이었다. 그들이 말하는 교화는 허울뿐이다. 이러한 환경 속에서 자기 정체성을 지키면서 생활하다 성인이 되어 안동교도소로 이감 갔다.

안동교도소 생활의 실태

김천소년교도소에서 성인이 되면 무조건 안동교도소로 이감 갔다.

전쟁 때 모든 교도소는 일제 강점기 때 지은 것이다. 지금은 일제 강점기 때 지은 교도소는 옮겨서 새로 지은 교도소들이다.

안동교도소는 지방에 있는 교도소라 지방 텃세가 농후했다. 김천에서 안동교도소로 이감 온 사람 중 아는 사람은 한둘뿐이었다.

안동교도소에 살면서 공장에 출역한 사람들은 거의 전부가 소위 우리 죄명을 가진 사람들이다. 당시 안동교도소에 있는 재소자 중 무기수는 나를 포함해 세 사람뿐이다. 한 명은 담양이 고향인 고홍석 씨이고, 또 한 명은 순창이 고향인 이준원 씨이다.

당시 안동교도소는 전향 비전향이란 말 없이 징역을 살았다. 이감 온 사람들은 며칠 있지 않아 공장에 출역한다. 그래서 이감 온 사람들은 먼저 출역해 자리를 잡은 끗발 있는 사람들이 간수 소개를 통해 자기가 맘에 맞는 사람들을 고르면 틀림없이 그 공장으로 출역한다. 그래서 나는 지물 공장으로 출역했다.

안동교도소 남자 수용동

  나가보니 공장에서 제일 대접받고 사는 사람인 울산에 고향을 둔 박대수 동지를 만났다. 이 박대수 동지는 군당 간부인 것 같았다. 가장 경위 바르고 매사에 침착한 목소리로 말도 잘한다. 아는 것도 많아 선생으로 모시고 생활했다.

  지물 공장은 가구 만드는 공장이다. 한 단위에 5명씩이다. 대반장은 오래되고 기술 있는 사람이 하고 있었다. 내가 속한 지물반장은 경북 출신인데 일밖에 모르는 농촌 토박이였다. 차차 생활에서 낯익어져 가고 친해지니까 나에게 빨치산 활동한 것을 물어서 내가 겪은 대로 들려주고 나중에는 학습도 했다. 학습 자료는 '위대한 조국해방전쟁'과 '8.15 해방의 조선'이었다. 그리고 팸플릿[13]이나 기억나고 머리에 담긴 짤막한 구호들이었다. 이런저런 이야기들을 하면서 당시만 해도 내

인기가 제일 좋았다.

이렇게 생활하다가 1956년 말경에 전향 비전향 문제가 법무부에서 하달된 것으로 보인다. 그러나 당시 교무과에서는 별다른 조처를 하지 않고 있었다. 그런 찰나에 안동교도소는 무기수를 수용하지 않고 전부 대전교도소로 이감시키라는 지시가 내려왔다고 한다.

그리하여 1956년 11월 28일에 고홍석 씨와 이준원 씨 필자 3명이 무기수였기 때문에 대전교도소로 이감을 가게 되었다. 고홍석은 전남 담양이 고향이며 1951년 동기 공세 때 일찍 체포되었고, 이준원은 전북 순창군 쌍치가 고향인데 역시 동기 공세 때 일찍 체포된 사람들이다.

안동교도소에 아는 사람은 백운산에서 한 부대에 있다 1954년 2월 20일에 생포되어 징역 5년을 받은 조정섭 씨인데 구례 간전면 출신이고 구빨치이다. 박○○는 경남 빨치산 총사령관 이영회 동지 연락병으로 7년을 받고 사는 두 동지밖에 모른다. 이름은 잊어버려 지금 기억이 나지 않는다.

이 동지 말에 의하면 1953년 의령해방 투쟁을 승리로 장식하고 두

---

13) 팸플릿: 팸플릿(pamphlet)은 제본되지 않은 소책자를 말한다. 몇 장의 종이나 이를 간단한 책의 형태로 철한 것을 말하기도 한다. 유네스코에 따르면 팸플릿으로 불리기 위해서는 적어도 5페이지 이상, 48페이지를 넘어서는 안된다. 그 이상은 책(book)으로 분류한다.유네스코에 따르면 팸플릿으로 불리기 위해서는 적어도 5페이지 이상, 48페이지를 넘어서는 안된다. 그 이상은 책(book)으로 분류한다.

부대가 있었다고 한다. 한 부대는 의령에 남고 한 부대는 지리산으로 들어오는 과정에서 모 동네 마을을 지나게 되었다. 적들의 매복 위험이 있어 경각성을 높여야 하는데 이영회 사령관은 대원들 앞에 전진하다 적들이 쏜 유탄에 맞아 희생되었다고 하는 말을 직접 들었다.

그 후 이 동지들은 어떻게 생활하다 출옥했는지 알 수가 없다.

당시 안동교도소에서 대전교도소로 이감 가는데 차량은 영국제 '오스톤austin truck'이란 짐차인데 이 차에 우리 무기수 3명이 타고 간수부장 1명과 간수 3명이 타고 있었다.

날씨도 좋은 날인데 경북 문경 논 들판 한 가운데 도로 중간쯤에서 차가 전복되었다. 도로가 가장자리 논에 옆으로 넘어져 차에 실은 기름통이 궁굴려 내리는 바람에 이준원 동지 머리를 들이받고 논에 떨어졌다. 만일 차가 거꾸로 뒤집어졌다면 사상자가 발생할 수도 있었으나 옆으로 넘어져 사람이나 짐들이 함께 논에 퍼질러진 것이다.

결과는 이준원 동지의 입에서 붉은 피가 흐르고 나머지 사람들은 정신이 나가 있었다. 그래도 간수부장과 나는 한참 후에 깨어났으나 다친 데는 없었다.

운전사 말에 의하면 브레이크를 밟아도 듣지 않았다고 한다. 다행히 논에 전복되어 옆으로 누었기 때문에 인명피해가 없었다. 그래서 다시 이감을 중단하고 안동교도소로 돌아와 치료 기간을 요하게 되었다. 치료 기간이 끝나 1957년 1월 27일에 다시 대전으로 이감 오게 되었다.

대전교도소의 실태

대전교도소는 이중 교도소로 일제 강점기 때 교도소 그대로다. 이중 교도소라고 하는 것은 교도소 안의 먹방을 말한다. 이 먹방은 비전향자를 수용하는 76개 방의 북풍 바라지 맨 끝에 있다. 이곳이 교도소 내규를 어긴 수용자들을 징벌하는 방이다.

대전교도소는 비전향자들을 수용하는 특별 사동이 있다. 이 사동은 4사(76개 독거 방), 5사, 6사, 7사(27개 독거 방), 8사(12개 방) 그리고 옛 사형장을 5개 독방으로 만들어 제2 병사病舍로 만들어졌으나 전향 말살 고문·구타 방으로 사용되었다.

1976년 여기 독방에서 폭력 깡패 조돈웅이란 재소자가 최석기 동지를 국방색 담요를 뒤집어씌우고 전향을 안 한다고 바늘로 찔러서 죽인 살인 사건이 있었다. 국가인권위에 제기하여 진상규명 확정 통지를 받았다.

박정희 군사 쿠데타가 있던 1961년 8월, 전국에 걸쳐 교도소에 있는 비전향 장기수들을 총집결시킬 때 800여 명을 이들 5개 사동에 수

대전교도소

용하기도 했다.

1957년 1월 27일에 안동교도소에서 무기수 3명이 대전으로 이감 왔다. 안동교도소는 무기수를 수용하지 않기 때문이다. 당시 대전교도 소는 지금에 있어서는 일제 강점기 시기의 구舊 교도소이다.

대전교도소에서 내 수형 번호는 2511번이다. 이 번호는 이름 대신 부르는 것으로 본인의 이름과 같은 것이다.

전국 비전향말살책의 최초는 전쟁 때 1,800여 명을 학살시킨 악명 높은 전주교도소이다.

대전은 1955년 공장 조직 사건을 계기로 전향 공작이 시작되었다.

교도소는 단순한 휴식 공간이 아니라 혁명 전선에 재진출하기 위한 준비의 기간이다.

첫째 생활권 옹호를 위한 투쟁은 무엇보다도 사느냐 죽느냐 하는 투쟁이기 때문에 절박하고 시급한 투쟁이었다. 이는 한마디로 의식주 문제이다. 먹는 문제는 우선 생존해야 하기 때문이다.

당시 안상현 의무과장은 이 5등식을 먹고는 3년을 버티기 힘들 것이라 공공연하게 말했다.

우리 비전향 장기수들의 급식은 5등식인데 부정부패가 교도소만큼 만연화한 곳은 없을 것이다. 그래서 우리 비전향자에게 돌아온 양은 당장 죽지 않을 만큼 양이다. 그렇기에 배가 고파서 전향하는 자가 많이 발생했다.

밥은 5등인데 그나마 다 떼어 처먹어 터무니없이 적은 양이다. 반찬은 볼품없는 싱대라는 생선인데 이를 소금에 절여 주기 때문에 그 짠 것을 배가 고파 안 먹을 수도 없이 먹고 나면 물을 들이켜게 된다. 여기저기서 물을 달라고 소리를 질러도 반응이 없다가 많은 감방이 소리를 지르면 그때야 물을 주되 먹을 만치 주는 것도 아니다. 물을 주고 나서는 소리 지른다고 두들겨 패는 것이 일상사다. 여기에 반항하면 계호과에 불려 나가 조사받고 먹방에 들어가 징벌을 받는다.

그리고 옷과 이불은 항상 솜을 수십 탕 하기에 솜뭉치가 방울처럼 무명베 두 겹 안에서 놀 정도다. 그러니 추운 겨울을 평안히 넘길 수 없다.

이불도 독거용은 내 키만 하다. 키 큰 사람은 이불이 들린다. 그러기 때문에 칠푼 송판 위에 깐 가마니와 꽁다리를 달아맨다. 그리고 주머니에 들어가듯 누워서 잠들만하면 문을 짜그닥 딴다. 그리곤 가위로 맨 꽁다리를 자른다. 그렇게 되면 작은 이불이 들려 차가운 바람이 들어와 잠을 잘 수 없다.

이튿날에 불려 나가서 해준 대로 덮지 않고 조작해 덮는다고 간수들이 달라붙어 두들겨 팬다. 이러한 일이 비일비재하다. 옷도 마찬가지다. 일상적으로 받는 고통은 말할 수 없다.

이러한 환경 속에서 생활하는 사람은 바보가 아닌 이상 물러설 수 없는 것이다. 그렇게 해서 놈들의 부당하고 인간 이하의 처우를 개선하기 위한 투쟁을 전개하게 된다. 우리 동지 중에는 불평하면 고통만 뒤따라오기 때문에 그냥 참고 견디는 사람도 있고 그래도 항의해야 한다며 투쟁하는 사람도 있었다.

나는 성질도 급하고 부당한 처우에 참을 수 없어 맨날 소제나 담당 간수와 싸웠다. 더 나가서는 사안에 따라 부장, 당직 간수장, 과장, 소장, 법무부 장관 면담을 요구하고 개별 단식은 물론 집단 단식도 한다.

이렇게 되면 놈들은 할 수 없이 한 사람을 면담시켜 준다, 과장이나 소장 면담을 해도 우리 주체 역량에 따라 변화된 양상을 볼 수 있지만 크게 달라지는 것은 없다.

필자는 머리가 20세 때부터 벗겨지기 시작했다. "아직 박사될 나이는 안 되는데 영양부족에서 오는 증상"이라고 의사들은 말한다. 그래서 대전교도소에 살 때 별명이 '벗겨지기'였다. 하도 사방에서나 감방에서나 어떤 일이 발각되었을 때는 내가 책임지고 나가 해결하기 때문에 계호과에서는 나를 보고 '벗겨지기 또 나왔네'라고 한다.

내 자랑이 아니라 놈들 면담 투쟁도 내가 제일 많이 한 것으로 생각한다. 때로는 사방에서 대표로 선택되어 나가는 경우가 있다. 면담 나갈 때면 모든 것을 달성해 오라고 한다.

그러나 놈들과 협상에는 주객관 역량에 따라 달라지는 것이 오늘의 국제협상 관계와도 같은데 교도소 안은 더하다. 이 때문에 현실적이고 장기적인 안목에서 받아들일 수 있는 조건만을 요구하면 놈들은 할수 없이 들어준다. 하지만 면담 투쟁을 통해 요구안을 모두 쟁취하지 못한 채 왔다고 비판만 하는 동료도 있다.

사실 면담 투쟁에서 하나도 쟁취하지 못한 때도 있다. 우리의 투쟁에서 성과를 거둘 때와 실패할 때도 있는 것이다. 당장 끝장내는 투쟁이 아니고 장기간 놈들의 사슬에서 사는 조건이기 때문에 일희일비하지 않아야 한다. 아무리 무기징역을 받고 교도소 안에서 죽어 나갈지는 모르나 살아 있는 한은 우리는 대열 결속을 위해 상황을 예의 주시하면서 투쟁으로 극복해 나가는 원칙은 그때나 지금이나 마찬가지라고 생각한다.

대전교도소에서 주는 열악한 5등식은 먹을 때 밥에 돌이 많아 씹을수 없다. 돌멩이 밥을 먹다 보니 이가 성한 사람은 한 사람도 없다.

여름 잠자리에서는 빈대 때문에 잠을 설치게 된다. 방벽에 빈대 죽인 피가 빨갛다. 그래서 사방 간수는 피를 닦으라고 사포를 준다. 그것으로 벽에 묻은 피를 닦아낼 정도로 고생한다.

각 방은 뺑기통[14]을 감방 구석에 놔두고 대소변을 본다. 밤에 번호

순서대로 자기 때문에 나는 항상 변기통에 머리를 두고 잔다. 밤에 동지들이 소변을 눌 때 조심한다고 하지만 오줌이 통 모서리에 떨어지면 내 얼굴에 튀어서 잠을 깨기 일쑤다.

뒷창문이 높아 여름에는 용광로 겨울에는 냉장고라 한다. 가장 출 때 독방은 온도가 영하 7.5도다. 뺑기통이 얼고 방벽이 얼어 성에가 하얗게 낀다.

1960년대까지 옷에 이나 벼룩이 있어 서까래[15]가 낀다. 밤낮으로 가려워 곤란을 느낀다. 이러한 환경 속에서 무기형을 받고 사는 수많은 비전향자들이 있는 곳은 오직 미제의 점령국인 대한민국의 교도소 밖에 없다.

그런 처우를 받고 무기수로 사는 동지들이 제대로 된 밥을 지어 달라고 맨날 투쟁하지만 좀처럼 고쳐지지 않았다. 처우개선을 요구하며 목숨 건 단식투쟁을 하다 철창에 목을 달아 자결한 이용훈 동지를 잊을 수 없다.

15척 높은 담장 안에서 놈들에게 맞아 죽고 병들어 죽고 얼어 죽고 굶어 죽고 하는 우리 동지들이 그 얼마나 많으랴! 이렇게 처절하게 죽었어도 서면보고 한 장으로 모든 것이 완결되는 그 속에서 죽지 않고 살아났기에 그 시대의 암울한 상황을 고발할 수 있는 것이다.

---

14) 뺑기통: 변기통
15) 서까래: 서캐, 이의 알

광주교도소에서의 잔혹한 전향 공작

1973년 9월 15일 대전에서 광주교도소로 20명이 이감을 갔다. 광주 2사(특별 사동)에 수용되었는데 총 64명이 있었다.

광주교도소도 8월에 전향 공작 전담반이 조직돼 교무과에 예닐곱 명의 교화사들이 있었다. 악명 높은 강철영 교무과장을 비롯해 교화사는 문승호, 김무웅. 박종오, 이규연, 김영술. 정일봉 등이며 보안과에서 파견된 김홍렬과 박채옥 간수들이었다.

11월 14일 오후에 관구부장(이름 미상)은 큰소리로 다음과 같이 선포했다. "각방은 들어라! 지금부터 전방 준비하라. 각자의 소지품은 싸서 그대로 놔두고 몸만 나온다. 오늘부터 운동, 목욕, 접견, 서신, 독서, 의무과 진찰 치료 등을 중지한다."고 했다.

몇 분 후 간수들이 떼로 몰려와 각방 문을 따고 북쪽 편 0.75평 방에 12~13명씩 집어넣었다. 서로가 무릎을 맞대고 앉아 다리를 펼 수도 없이 앉혀 놓았다. 각자는 시찰구만 바라보고 앉아 있어야 하며 고개를 숙이거나 옆과 뒤를 돌아보지도 말며 옆 사람과 이야기도 해서는 안 된다고 엄포를 놓았다.

뜬눈으로 밤을 새웠다. 11월 15일 오후 2시 민방위 훈련이 끝나자마자 살인 폭력 깡패 재소자들이 들이닥쳤다. 폭력 깡패 재소자 정무종은 어깨에 떡봉이[16]란 마크를 달고 손에는 감방 열쇠를 쥐고 허리에는 수갑과 포승 곤봉을 차고 심지어 담배까지 입에 물고 피우면서 험악한 인상을 쓰며 공포 분위기를 조성했다.

이와 같은 부류인 원삼실, 노상기, 이준원, 서원배 등의 깡패 재소자들이 설치기 시작했다. 정무종은 군 특무대에서 근무 중 고문 경험이 있다고 자랑하면서 각종 고문·구타를 자행했다.

그들은 매일 각방을 돌아다니면서 감방문을 덜컥 따고 왜 옆을 돌아보고 있으며, 왜 옆 사람과 말을 하며, 왜 서 있으며, 왜 뒤 창문을 바라보고 있느냐, 탈옥하려고 궁리하느냐 하는 등의 각종 구실을 붙여 곤봉으로 때려 패고 끌어내 엎드려 받히게 해 놓고 곤봉으로 사정없이 매타작을 자행하며 전향을 강요했다.

당시 사방 담당은 정화선 간수였는데 그는 점호 때나 높은 사람 순시 때나 나타났다. 무법천지의 깡패 세상 속에서 '아이고 죽겠네' 하는 비명과 매타작 소리가 사방에 들끓었다.

정무종과 원삼실은 본인을 불러내 0.75평 공방에 집어넣고 팬티만 입은 상태에서 뒤 수정을 채우고 이것도 모자라 포승줄로 묶은 뒤 철

---

16) 떡봉이: 떡을 찧는 방망이

장과 앞 시찰구 창살에 포승줄을 연결시켜 놓고 양쪽 발부리만 감방 바닥에 닿을 둥 말 둥 해 놓고서 포승줄을 당겼다 늦추었다 하면서 고문을 자행했다. 양어깨가 빠질 듯 아파 죽는다고 고통을 호소하면 전향할래 안 할래, 교무과장 면회할래 안 할래 하면서 곤봉으로 때려 패고 고함을 지른다고 나의 옷을 찢어 입을 틀어막고 거의 2시간 동안 고문을 자행했다.

자기들 뜻대로 되지 않자 지독한 놈이라 하면서 포승줄을 풀어주고 양어깨를 두 놈들이 주물러서 본 위치로 돌아오게 한 후 사방 지하실로 끌고 갔다.

지하실에서는 발가벗겨 양 손목을 포승으로 묶어 천장에 매달아 놓고 곤봉으로 타작하고 심지어 포승줄로 똬리 만들어 물에 적신 후 온몸을 치고 잡아당겨서 살갗이 벗겨져 피가 흘렀다.

심지어는 대나무 꼬챙이로 항문을 쑤시기도 했다. 이로 인하여 치질이 발생해 현재에도 고통을 겪고 있다. 깡패놈들은 "오늘은 내가 졌다. 다음 또 보자."며 감방에 들여보냈다.

몸에 피멍이 들고 살갗이 벗겨져 피가 흐르는 것을 보고 동료 중 강원도 풀신 정병기 씨는 "나는 몸도 약한데 김영승이처럼 고문당하면 죽지 살지 못한다"고 했는데 그는 정말 이튿날 고문을 견디지 못하고 전향해서 동료들의 곁을 떠나기도 했다.

깡패 정무종은 12월 중순쯤 다시 불러내 사방 지하실에 끌고 갔다. 목공장에서 맞춰 온 고문 틀에 눕혀 놓고 맨 위쪽에 움푹 팬 곳에 목을 넣고 꼼짝달싹할 수 없게 곤봉으로 가로질러 빗장 지르면 머리는 뒤로 젖혀지게 된다. 양 손목은 널판자 뒤로 수정을 채우고 밧줄로 널판자와 몸을 감아 전신을 요동할 수 없게 했다. 한 놈이 배 위에 올라타고는 물에 적신 타올 수건을 얼굴 전체에 덮고 10리터 주전자 물을 코 부위에 살살 부었다. 그러면 숨이 끊어질 것 같아 몸부림치면 타올 수건을 살짝 들어 올려 한번 숨을 쉬게 한 후 다시 덮고 물을 붓는 짓을 반복했다. 10리터 주전자 물이 다 떨어질 때까지 물고문을 자행하면서 전향을 강요했다. 깡패놈들은 "오늘은 내가 졌다." 하고 감방에 들여보내고 다른 동료들을 차례로 끌어내 물고문을 자행했다.

깡패들이 매타작 고문은 상처가 나기 때문에 물고문만 해도 된다고 의기양양하게 말하는 것도 들었다. 실제 물고문으로 많은 전향자가 발생했다.

1974년 1월 초순에는 또다시 공방에 집어넣고 양 앞뒤 창문을 열어놓고 팬티만 입은 상태에서 두세 시간 동안 이른바 동태 고문을 자행하며 전향을 강요했다.

1974년 4월 28일 형 만기 날이었다. 8명의 만기자 중 내가 일착이었다. 그래서 나를 꺾으면 다른 동료들도 전향할 줄로 생각하고 수단과 방법을 가리지 않고 자행했다.

만기 1개월을 남겨놓고 갑자기 불러내 교도소 의무과 병실로 이동시켜 공방에 넣고 전향자 출신 전향공작 자문위원 차양진과 다른 전향자 한 명을 같이 기거하도록 해 놓고서 매일 나의 동태를 보고하도록 했다.

그래도 전향을 거부하자 당시 살아 계셨던 큰형님과 큰누나를 종용해 전향 공작을 감행했다. 그 후 만기 일주일을 남겨놓고 나를 고문 · 구타한 정무종과 원삼실 그리고 전향자 차양진을 동원시켜 반공법 위반 건을 조작했다.

1인당 5건씩을 조작해 총 15건을 만들어 가지고 와서 전향하지 않으면 고발 조치해 출옥을 못하고 징역을 더 살아야 한다고 공갈 협박하면서까지 전향을 강요했다. 당시 사건 조작 담당은 정일봉 교화사였다.

그리하여 출옥하지 못하고 반공법 위반을 들어 2년 형을 더 살게 되었다. 사실은 전향하지 않으면 만기가 되어도 출옥시키지 않는다는 것을, 전향을 거부하고 있는 동료들에게 보여주기 위한 정권의 정책적 조치에 의한 것이었다.

이 2년 형의 만기도 1976년 5월 6일이었다. 그런데 악법 중의 악법인 사회안전법에 의하여 전향을 거부한다는 이유로 보안감호처분을 만기 3일 전인 5월 3일에 받았다. 2년 형을 살 때 교화사는 신학운이었다.

신학운 이 자는 2년 만기가 가까워져 오자 교무과 지하실로 끌고 가 전향 권고를 거부한다며 미친 듯 날뛰며 콘크리트 바닥에 넘어뜨려 놓고 구둣발로 사정없이 차고 목을 밟아 숨조차 못 쉬게 하며 우측 갈비뼈를 차서 달포 동안 꼼짝을 못 할 정도로 고통을 당하기도 했다. 그래서 도저히 살 수 없을 것 같아 몇 번이나 자살까지도 하려고 했다.

1975년 여름부터는 고문 · 구타에 동원되었던 깡패 재소자들을 교체했는데 새롭게 투입된 깡패 재소자는 전호찬과 이건종이고 담당 간수는 문홍술이었다.

옆방에 양희철 씨가 있었는데 통방했다고 불려 나갔다. 그들은 사방 관구실에서 가스 파이프대로 온몸의 관절만 찾아 두들겨 패면서 전향을 강요했다. 양희철 씨도 고문 · 구타를 당해 업혀 들어오기도 했다.

그뿐만 아니라 1974년 여름에 같은 동료였던 서준식 씨가 일본에 살고 있는 어머니를 이은평 소장실에서 면회했는데 여기에 일본 사회당 국회의원이 동석하게 되었다. 이 자리에서 광주교도소 비전향 말살을 위한 고문 · 구타행위를 상세하게 말한 것이 일본 아사히 신문에 게재됨으로써 국제적으로 폭로되었다. 이로 인해 갖은 제재와 고통을 당하기도 한 사실을 당시 옆방에서 지켜보기도 했다. 고문 · 구타 당시 서준식 씨는 자살하려고 손목동맥을 끊기도 했는데 다행히 제때 발견함으로써 생명을 구하기도 했다.

살인적인 전향 공작은 청주보안감호소에서도 계속되었다.

청주보안감호소 비전향말살책은 어떻게 자행했는가

1976년 5월 29일에 대전교도소 제8사를 임시 보안감호소로 이용하고 있었기에 피감호자 신분으로 감호소 생활을 하게 되었다.

여기서도 인간 이하의 열악한 처우 속에 전향만 강요당하다가 동년 11월 18일에 새로 건축된 청주보안감호소로 이감했다.

이감 가기 전에 3명이 죽어 나갔다. 한 명은 자결했다.

청주보안감호소는 청주교도소[17]와 담벽을 사이에 두고 있었다. 그래서 한쪽은 청주교도소이고 다른 한쪽은 청주보안감호소이다.

1~4사까지 있는데 모두 2층 교도소로 환자 동지들은 4사 상층에 있었다.

4사에서 바라보면 넓은 공터가 있는데 여기에 공장을 지어 작업시키려고 했으나 박정희가 죽고 전두환이 정권을 잡은 바람에 삼청교육대 훈련장이 되었다. 이곳에서 사람들을 개돼지 취급하는 것을 목

---

17) 청주교도소: 현재는 전국여자교도소

청주보안감호소 비전향 장기수 선생님들 ⓒ 한겨레

격허기도 했는데 비전향자들도 시키려고 했다. 그때 이 소식을 듣고 집단 단식투쟁을 하겠다고 하니 무마되고 나중에는 우리 동지들의 운동장이 되고 말았다.

1975년에 사회안전법이 제정되어 비전향자로 출옥한 동지들을 일시에 체포하여 전향하지 않는 한 모조리 감호처분을 시켰다. 일반 교도소에서도 비전향말살책을 감행했으니 끝까지 굴하지 않는 동지들은 만기가 되어도 출옥시키지 않고 감호시켰다.

그래서 필자도 출옥하지 못하고 2년 가형을 받고 만기 되어도 출옥하지 못하고 감호처분 신세가 되었다.

필자 번호가 088번인데 88번째 감호되어 088번이다. 피감호자는 일반 재소자와 달리 숫자 번호 앞에 0자를 붙여 매기는 것이다.

처음 입소했을 때 운동시간은 15분이었다. 목욕탕은 없고 매 때 식사는 청주교도소와 담벽을 사이에 둔 건물이라 벽 문을 통해 배달했다.

감호소 간수들은 대전교도소와 광주교도소에서 비전향 말살에 일가견을 가진 인간들이다. 그곳 소장은 이정문, 의무과장은 오기수, 계장은 변태환, 간수는 곰보 정인성이었다. 교화과장은 처음에는 김치연, 나중에는 강철령이란 자이다.

이 두 자는 대전과 광주에서 깡패까지 동원한 강제 전향에 일가견을 가진 악명높은 자들로 유명하다.

교화사는 광주교도소에서 강제 전향공작에 악명높았던 박종호, 신학운이라는 자이다.

그런데 13년만에 폐지될 때까지 청주보안감호소란 간판조차 달지 않고 있었다. 세상 사람들은 청주보안감호소 자체가 있는지조차 모르는 사람들이 너무도 많았다.

특별사 관구부장은 천일회이고 사방담당 간수는 민동기와 손영식이었다.

감호과에 배치된 교화과장과 교화사들은 광주와 대전에서 비전향 말살책을 제일 앞장서며 악명 높던 사람들이며 소장을 비롯한 보안과 직원들도 역시 광주와 대전에서 비전향자들을 전향시키는데 일가견을 한 사람들이 핵심을 이루고 있었다.

감호소 처우는 일반 교도소 처우와 동일했으며 오히려 죄 없는 사람들을 가두어 두고 모든 처우와 환경을 악하게 만들어 견디지 못하고 선향해 나오도록 하는 방법을 썼다.

식사는 이웃 청주교도소에서 날라다 먹고, 운동시간은 10~15분이고, 목욕탕도 없고 감방에 물 주는 것도 제한되어 있었다. 오뉴월 염천에 물이 적어 수건으로 물을 묻혀 땀을 닦아내면 감방에서 닦는다고 불러내 때려 패면서 전향 안 하고 들어앉아 있으니 당연한 것 아니냐고 하며 이 고통을 겪지 않으려면 빨리 전향하고 나가라고 전향을 강요했다.

서적도 몇 권으로 제한하고 가족 접견을 전향 수단으로 이용하며 환자들에 대한 진찰 치료는 형식적이고 중환자들에 대해서는 병을 미끼로 전향을 강요했다.

필자의 경우에는 척추 결핵을 앓고 있는데도 의무과 병실에 입원도 시켜주지 않고 약도 제대로 주지 않았다.

감호당국이 얼마나 비열하게 환자들을 전향 수단으로 이용했는지 하나의 예를 들면, 같은 동료인 이상률 동지가 뇌낭충에 걸려 독방에서 사경을 헤매다가 진찰 치료도 제대로 받지 못한 채 죽어 나가기도 하는 것을 목격했다.

당시 이정문 소장은 죽는 한이 있어도 전향하지 않는 한 병실 입원이나 진찰 치료도 제대로 해줄 수 없는 것이 국가의 시책이라고 공공연하게 말하면서 전향하라고 했다.

오기수 의무과장은 의사로서 당연히 지켜야 할 본분을 여러분들에게는 할 수 없는 것이 현 시책이므로 어찌할 수 없다고 실토하기도 했다.

이러한 비인간적인 열악한 처우 속에 전향 강요에 더 이상 참을 수 없어 서준식 동지 서적 건을 계기로 전두환 군부정권 때인 1980년 7월 11일부터 집단 단식에 들어갔다.

"악법인 사회안전법을 폐지하라, 피감호자들을 즉시 석방하라, 처우를 개선하라, 국회 청원이나 상부 면담을 보장하라, 전향 강요하지 말고 고문·구타하지 말라"는 요구 조건을 내걸고 집단 단식투쟁을 했다.

그러나 감호당국은 문제되는 것을 해결하기는 고사하고 감호소 전 직원은 물론 옆 청주교도소 직원까지 총동원시켜 공포 분위기를 조성하고 강제급식에 들어갔다.

오기수 감호과장의 직접 지휘하에 감호과 간수 2명과 의무과 정연성 간수가 직접 강제급식을 자행했다. 강제급식의 실태는 다음과 같다.

의자에 앉히고 양 손목을 의자 뒤로 돌려 수정을 채우고 집게를 써서 강제로 입을 벌리게 하고 우유에 왕소금을 잔뜩 타 고무호스를 집어넣고 깔때기에 소금물 한 사발을 부어 넣는 강제급식은 일종의 고문보다 더한 고문이었다.

이 강제급식 과정에서 김용성 동지와 변형만 동지가 현장에서 즉사함으로써 강제급식은 중단됐다. 그렇게 죽여놓고 상부에는 심장마비로 죽었다고 허위 보고한 것이 과거 의문사위 조사 과정에 사인이 명백하게 드러나기도 했다.

필자도 강제급식을 당하며 11일 단식을 했다.

집단 단식이 끝난 후 보복적 탄압으로 얻은 후유증으로 죽은 김찬규 동지는 청주교도소 공동묘지에 강제급식 과정에서 타살된 변형만 동지와 나란히 묻혔다.

청주감호소에서 전향 강요와 열악한 처우 속에서 얻은 병의 후유증으로 이상률 동지, 최점수 동지, 공인두 동지, 김규찬 동지를 비롯한 6명이 죽어 나갔다.

이런 환경 속에서 나는 다행히 안 죽고 살아 나왔지만, 교도소에서 얻은 병과 고문의 후유증으로 만성위염을 앓은 지 오래돼 암으로 화할 수 있다는 의사의 진단을 받고 수술한 상태 속에 2014년 12월 26

일 6개월만에 한 번 더 위내시경을 했는데 아직도 뱃속이 시원하지 않아 떼어낸 조직 검사 결과가 2015년 5월에 나온다는 진단을 받기도 했다. 현재는 별 탈은 없으나 건강검진 받으라고 통보를 받고 있다.

좌골 신경통과 백내장을 수술했으나 잘 보이지 않고 있다. 현재는 우측 눈까지 수술해 약물치료를 받고 있다.

그리고 치아는 하도 모래와 돌밥을 많이 씹어 양쪽 어금니가 다 썩어 부분 틀니를 하고 있으며 청각은 교도소에서 물고문과 귀뺨을 많이 맞아 한쪽 귀는 청신경이 거의 죽어 있어 몇 미터만 떨어져 있어도 무슨 말을 하는지 분간할 수 없는 상태 속에 있다. 보청기를 착용하고 있으나 5m만 떨어져도 무슨 말인지 알아들을 수 없다. 척주 결핵을 앓아 지금도 허리를 구부렸다 폈다 몇 번만 하면 통증이 나는 상태 속에서 고통을 당하고 있다.

현재는 뇌졸증까지 있어 수술하면 터질 위험이 있다고 해서 약물치료 요법을 쓰고 있다.

감호소 생활 13년을 포함한 35년 9개월을 꼬박 살고 출옥했으나 안 죽고 살아남아 있는 일가친척들은 반가워 하기보다 두려움을 갖고 대하는 것이었다.

연좌제가 폐지되었다고 하지만 군 장교나 정보 계통의 시험에는 합격했으나 면접에서 비전향자가 친척 중에 있다는 이유만으로 떨어진 원한이 나에게 돌아온다. 가족 친척끼리도 이간시켜 인간관계를 파괴시키는 현실을 겪고 있는데 이를 달가워할 사람이 어디 있겠는가. 참으로 원한의 불길이 하늘로 솟구치고 있다.

이처럼 감호당국은 피감호자들에게 교도소 있을 때와 똑같이 전향 강요를 했다는 것을 의문사 진상규명위원회에 진상을 밝혀 달라고 제기하여 국가의 불법적인 공권력에 의해 강제 전향을 당하고 많은 동료가 타살되었다는 것을 밝혀냈으며, 당시 가해자들도 조사 과정에서 시인한 사실을 지금에 와서 과거사 조사를 전적으로 믿을 수 없다고 변론을 제기하는 것은 어불성설이다.

과거 의문사위나 진실화해위도 같은 국가기관이 아닌가? 국가는 진솔하게 사죄하고 그 피해에 대해 배상해야 하고 다시는 이런 비정상적인 역사가 되풀이되지 않도록 대비책을 강구해야 할 의무가 있는데도 얼렁뚱땅 넘어가려고 하는 것은 비난받아 마땅하며 진정한 국민화합과 상생을 이룰 수 없다는 것을 똑똑히 알아야 할 것이다.

따라서 사법부는 비전향말살책에 의한 각종 고문·구타 행위에 대한 국가의 불법성을 공명정대한 판결로써 단죄하기 바람과 동시에 지금껏 받은 피해에 대한 합당하게 제기한 배상액을 그대로 판결해 줄 것을 촉구했다.

재판에서 20명이 민사소송을 제기하여 고법에서 패하자 대법에 소송비도 본인이 부담할 능력이 없을 뿐만 아니라 제기해도 승소할 가능성이 없다 해서 포기하고, 10명만 제기하여 승소해 쥐꼬리만 한 배상을 받기도 했다. 원래는 민간인 학살자들이 제기한 1억을 청구했는데 고법에서 패하자 대법에 소송할 돈이 없어 5천만 원을 낮추어 청구했다. 마지막에 1억으로 돋구었으나 결과는 5천만 원에 대한 것만 판단해 3천여만 원만 승소한 것으로 마무리되고 말았다.

그러나 국가는 지금껏 사과 한마디 않고 있는 현실이다. 또한 고문 구타한 교도관과 강제전향 공작에 동원된 폭력배는 단죄되어야 한다.

적들의 환경을 어떻게 활용했는가

적의 환경을 우리의 이익에 알맞게 적용하는 것도 투쟁이다.

이런 투쟁 원칙 차원에서 소위 법률에 저촉받으며 교도소 생활을 하고 있으니까, 적의 법률도 자신의 이익에 맞게 활용할 줄 알아야 한다.

당시 생활 형편상 법률전문가인 변호사를 살 수 없는 처지에서 교도소생활을 하는 것이 현실이기 때문에 남에게 의뢰하지 않고 자신의 문제는 스스로 해결해야 한다는 원칙 하에서, 적들의 법률책인 행정소송법, 헌법학계론, 형사소송법 등을 사서 공부하였다.

그리하여 내 자신의 항소이유서도, 검찰 답변서도, 청주보안감호소에 있을 때 2년마다 갱신 이유에 대한 답변서도, 보안감호처분도 헌법에 위배된다는 행정소송 제기도 다 내가 써서 제출했다. 그렇게 되니 우리 동지들의 것도 내가 써서 제출하기도 했다.

교도소에서 우리 동지들 중 반공법 조작으로 처벌을 받는 사람은 광주에서 나 혼자뿐 아니었다. 최명호 씨도 테러를 겪고 74년 5월이 만기인데 적들은 전향하지 않는 한 그냥 내보낼 수 없다는 정책적 조치에 의해서 교화과에서 시회참관을 시켜준다고 데리고 나갔다. 모 식당에서 친형님과 단둘이 만나 식사를 하는 동안 형님의 질문에 당당하게 말한 것이 반공법에 저촉이 된 것이다.

이때 형님은 교화과에서 사전 교육을 받고 동생을 전향시키기 위해서 어떤 말을 질문하라는 지령을 받았다. 그때 형에게 말한 것이 교화과에 들어가 형님이 동생의 고발자가 되었다. 그래서 만기 전에 놈들의 사촉을 받아 고발당했다. 일단 고발당하면 못 나가고 전향하면 집행유예로 나간다. 그래서 못 나가고 재판받게 되었다. 재판받을 때 교화과에서 전향하면 집행유예로 나갈 수 있다고 하여 전향했다.

그리고 교화과에서 답변서를 써 주었다. 그래도 마음이 차지 않아 나보고 써 달라고 해서 고문·구타 불법적인 장면을 적나라하게 써준 것을 몸에 품고 나가서 재판받았다. 처음에는 교화과에서 써 준 대로 했으나 재판장이 나가기 위해서 마음에 없는 짓을 다 한다고 꾸지람을 듣고서는 그것은 내가 쓴 것이 아니라 교화과에서 써준 것이라고 하면서 내가 써준 서류를 내어 재판장에게 주었다.

그러나 결국 1년 6개월을 받고 말았다.

그렇게 살다가, 살아 나가 돌아가셨을 것이다. 당시 50대였으니 말이다. 고향은 해남이다.

그 후는 만기 전 조작 고발을 하지 않고 만기 되면 다 내보냈다. 재판받고 돌아와 병사에 전방시켰다.

그 후에 교화과에 불려나갔을 때 정보부 어떤 자가 와서 강철영 교화과장에게 '앞으로 이런 짓을 하지 말라'고 하는 소리를 들었다고 내게 알려주기도 했다. 광주에서 이런 못된 승냥이들이 인간의 탈을 쓰고 마음대로 날뛰는 일이 있었다.

청주보안감호소에서 살 때 2년마다 기간 갱신이 있을 때는 한번도 빠지지 않고 답변서를 써서 불법부당함을 적의 헌법과 법률에 위배된다고 써서 제출한 동지는 불과 몇 동지뿐이었다.

나도 서울고법에 행정소송을 제기해 재판받았으나 기각을 당하고 말았다. 이유는 "전향하지 않고 과거 죄악을 뉘우치는 경우가 전혀 없고, 사회안전법과 처우에 대한 불평불만이 많으며 서준식 단식투쟁에 가담했다"는 것이었다. 써서 제출한 동지나 안 쓰고 받아만 보는 동지나 살기는 마찬가지나 죽는 시간까지도 할 수 있는 최선의 방법을 다 해야 한다는 것이 나의 삶의 원칙이기 때문이기도 하다.

그리고 89년 당시 2년 갱신처분을 받고 행정소송을 하는데 돌아가신 배동준 동지와 김광길 동지도 내가 대필해 주어 서울고법에서 1차 재판을 받고 2차 재판일을 남겨두고 만기 전에 석방시켰다. 작지 않은 승리였다.

몇몇 동지들과 같이 보안감호처분을 철폐해 달라고 국회청원도 했다. 그리고 검사나 국회원들이 국정감사차 감호소에 왔을 때 말하지 말라고 단속은 하지만 그대로 앉아 있을 수 없어 앞을 지날 때 손을 들고 감호소 현 처우와 사회안전법을 폐지해 달라고 요구하기도 했다.

지나간 다음에 이야기하지 말라고 했는데도 혼자 나서서 하느냐고 불려 나기 협박받기도 했다.

그리고 교도소에서 자기가 공부하고 싶은 책은 못 보게 제한하기 때문에 영어와 법률 서적, 한방 침구 서류밖에 없기에 한방 책을 통해 침구요법을 공부하기도 했다.

침구요법을 공부하여 자기 스스로가 놓을 수 있는 위치는 자기 스스로 놓아야만 남도 놓을 수 있기에 내 몸에 직접 침을 놓았다. 나중에는 운동하다 발목을 삐었을 때 침이 효과가 좋기에 간수들에게도 놓아주었다.

그런데 침을 만들기가 여간 어렵지 않았다.

왜냐하면 철사를 구하기 힘들고 또 매일 검방하기 때문에 감추기가 여간 힘들지 않았다. 보다 중요한 것은 어떻게 철사를 갈아서 침구로 만드냐가 중요하다. 철사는 소제를 통해 구하는 데 구매물을 사주면 구할 수 있으나 세면대 바닥에 갈아서 침구를 만드는데 거의 한 달이 되어야 완성되었다.

약은 안티푸라민을 소독수로 쓴다. 이런 어려운 과정을 통해 만든 침을 매일 검방에 숨길 곳이 마땅치 않아 검방 시에 나쁜 놈한테 걸려 뺏기기라도 할 때는 여간 서운하지 않았다.

검방 때 발견된 침구를 감호과에 보고하면 불러나가 호되게 두들겨 맞았다.

나는 대여섯 개 만들어 사용하다가 석방될 때 발바닥에 넣고 양말을 신고 나왔다. 간수가 아는 사이라 양말을 벗어보라고는 하지 않았다.

지금도 가지고 있다. 나와서 돌팔이 한방 침구사가 되지 않고 다른 직장에서 일을 했다.

교도소는 공허한 휴식 공간이 아니라 혁명 전선에 재진출할 기간이 기 때문에 전향하지 않는 것이 무엇보다 중요하지만 보다 더 중요한 것은 전향하지 않고 어떻게 생활했는가가 더 중요하다. 주는 밥만 먹고 가만히 앉아 있지 않고 각박한 생활 속에서도 자기 자신은 물론 다른 동지들을 위해서, 다시 말하면 대열을 위해서 어떻게 투쟁했는가 가 중요하다고 생각했다. 이런 원칙에서 산다고 했지만 부족한 점이 있다는 것도 많이 느꼈다. 신념의 고향으로 올라간 한춘익 동지는 독방에서 오랫동안 살았기 때문에 혀가 제대로 돌아가지 않아 말을 잘 못했다.

주는 밥만 먹고 가만히 앉아서만 생활하는 사람이 있는가 하면, 혼자 독방에 있어도 읽을거리가 없는 경우 혼자 씨부렁거리기도 한다. 감방에 한 권의 책이 있는 경우는 항상 책을 보고 소리내어 읽기도 하는 동지가 있는가 하면 자기 자신과 다른 동지들을 위해 투쟁하는 동지들도 있었다.

가족과 연락이 닿는 동지도 있지만 연락이 닿아도 도움을 전혀 받지 못하는 동지들이 대부분이다. 약이나 구매물을 사 먹는 동지도 있지만, 그렇지 못한 동지들이 많이 있다.

적들은 연줄이 전혀 없는 동지와 있는 동지들을 따로따로 전방 시켰다. 그래 놓고 매일 감방 검사 때 약이나 구매물이 적발되면 불러나가 조사를 받는다. 그때 사준 동지와 먹은 동지는 징벌까지 받는다. 그래서 여간 어려움이 아니다. 그래도 주고받고 한다.

장기간 교도소생활 하는 것은 천차만별이다. 그래서 교도소는 휴식 공간이 아니라 혁명 전선에 재진출하기 위한 준비 기간답게 어떻게 동지들을 위해 투쟁했는가가 제일 중요하다는 것이다.

부닥친 자기 주위 환경을 자기 또는 대열을 위해 어떻게 활용했는가는 투쟁의 원칙이기 때문에 자기 개인 이익만을 생각했는지 아니면 대열을 위해 생활했는가를 회고해 보는 것이다.

이는 자기 혁명 정치사상을 고수한 비전향 동지들을 일컫는 것임을 분명히 하는 것이다.

필자도 그 정신에 충실해야 한다는 것도 잊지 않고 생활한다고 했지만 부족함을 많이 느끼고 있다는 것임을 자성한다.

사상적 단결을 위한 투쟁

학습과 투쟁을 통하지 않고는 확고한 사상적 이론 수준을 무장할 수 없다.

전국에서 투쟁하다 붙잡힌 동지들이기 때문에 직위, 지식, 사회 성분, 투쟁 경험, 이론 무장 등등의 차이가 크다.

전쟁 전에 투쟁한 동지들을 '구빨치'라고 말했다. 구빨치는 주로 간부들이 많다. 그렇다고 해서 '신빨치'라고 부르지는 않았다.

우리 동지들이 수백 명이 생활할 때 기본계급 출신들은 가난 때문에 배우지 못한 동지들이 절대다수다. 기층 계급 출신 중에는 농민 출신이 절대다수다. 문맹인 출신도 있다. 학생 출신들은 초기에는 좀 있었으나 나중에는 없는 것과 같았다.

초기에는 당학교 교원 출신이나 선전선동부 출신들이 더러 있었기 때문에 과거에 배웠던 것의 기억을 더듬어 학습 교양 제강提綱을 짜고 했으며 전쟁 후 조선에서 공작원으로 넘어온 동지들의 기억을 통한 제강 보강이 많은 도움을 주었다.

주로 제강은 맑스·레닌주의 철학과, 사회주의 운동사, 해방의 조선, 조국 전쟁, 소련 볼셰비키 당사, 레닌의 준칙, 자유주의 배격 11훈, 당원의 생활 준칙, 팔항주의, 김일성 장군의 항일 빨치산 전술, 모스크바 평화선언 등이었다.

전방이 자주 있었기에 아는 동지 방에 들어가면 하나라도 놓치지 않으려고 암기했다. 밤낮을 가리지 않고 틈만 있으면 외우는 것이다. 그래서 취침 후에 입만 달싹하면서 외우는 것을 본 순찰 간수는 중놈처럼 입을 달싹거리느냐고 말도 한다. 그래야 전방 가면 다른 동지들에게 전수할 수 있기 때문이다. 못 배운 사람들은 열심히 배우고 암기한다.

인텔리 출신들은 듣기만 하고 외우지 않아 전방 되어도 전수하지 못한다. 외우다 보면 초기에는 무슨 뜻인지는 몰라도 자꾸 되풀이해 외우다 보면 물리가 터 조금씩 그 뜻을 알게 된다.

나는 무조건 다 외웠다. 나는 한방에 5명이 있을 때와 3명이 있을 때에 따라 감방 생활도 체계적으로 했다. 독방에 있을 때는 옆방과 소통을 통해 주고받고 했다.

개인 생활은 접고 동지들을 위하고 전 대열의 이익을 위하여 생활한다고 했지만 부족한 점도 많았다고 생각한다.

5명이 한방 생활할 때는 당번을 정하고 그 당번의 주장을 받들고 5명의 토론을 통해 하루의 일과와 월 일과를 세우고 전 대열의 이익을 위해 어떻게 생활할 것인가를 정한다.

학습은 매일 일과로 되어 있으며 생활 총화도 매월 한다. 일년 총화도 계획은 세웠으나 다 이행하지 못하고 전방 가는 경우가 많다.

오전에 검방 검신이 끝나면 학습한다. 처음에는 강사가 강의한 내용을 돌아가면서 반복한다. 듣기만 하는 것으로는 완전한 자기 것이 못된다. 직접 말을 해 보아야 자기 것이 되고 전방 가서도 다른 동지에게 전수도 할 수 있기 때문이다.

발전은 자기만의 발전뿐만이 아니라 전체 조직의 발전을 목표로 평균화 발전을 발전이라고 말을 한다. 그런데 각자 지적 수준에 따라서 차이가 크게 났다. 이렇게 반복 학습을 통해 눈부신 발전을 가져오기도 했다. 기본 출신들은 부르주아에 대한 열등감을 버리고 자기 발전을 위하여 열심히 노력한다. 나는 열심히 외우고 공부하여 나중에는 학습 강사가 되기도 했다.

소위 인텔리들은 외우려 하지 않고 반복 학습에도 적극적이지 못한 결함을 자아냈던 점도 있었다. 그리하여 인텔리 출신들은 끝까지 사상적 지조를 지키지 못하고 이탈해 나간 동지들이 절대다수다.

나중에는 비닐판을 만들어 안티푸라민을 사서 비누와 범벅을 만들어 비닐 양쪽에 발라서 떼었다 붙었다 하도록 하고서 꼬챙이로 글씨를 써서 보고 나중에 떼어내면 글씨가 없어진다. 비닐판은 검은 천이나 걸레를 찢어 판때기 위에 부치고 그 위에 비닐을 부쳐서 만들었다. 이렇게 만들어 공부했다.

여름에는 대나무 젓가락 끝에 걸레 조각을 묶어서 물을 묻혀 칠푼 송판 위에다가 글씨 연습과 수학도 공부했다. 학습 제강에 쓴 것을 갖고 운동 나갈 때나 기회가 되면 전달하고 하다가 들키면 씹어먹고 조사도 받았다. 이렇게 공부해서 문맹도 퇴치하고 집이 있는 사람은 편지도 써 부친다. 얼마나 좋아했는지 모른다.

우리는 김일성 장군님이 우리의 머리 위에서 내려다보고 있다고 생각하면 잡병도 없고, 항상 원칙적인 생활을 끝까지 해야 한다고 주장했으며 모두가 그렇게 하기로 결의도 했다.

그리고 낮 12시가 되면 방 천장 구석에 붙어 있는 스피커에서 방송이 나오는데 이때 방안이 시끄럽다. 그 시간을 이용하여 문화·오락 시간을 갖는다. 이때 배우지 못한 노래를 큰소리로 배운다.

조선의 유명한 시인인 조기천[18] 동지의 '문경고개'를 소리내어 배우다 교대 간수 오관규란 자에게 들켜 갑자기 문을 따고 우리 다섯 명을 불러내 무슨 노래를 불렀느냐고 추궁했다. 이때 서로 얼굴만 보고 말

---

18) 조기천 : 1913년 소련 블라디보스토크 연해주에서 태어나서 조선사범전 문학교를 졸업했다. 시베리아로 이주하여 옴스크의 고리키사범대학을 졸업했다.
조기천은 해방이 되자 소련군의 일원으로 평양으로 들어왔다. 조선어 신문을 발행했고 조선 시인과 소련 시인의 시를 조선어와 소련어로 번역하여 소개했다. 1946년 조기천은 서사시 〈두만강〉을 발표해 문 단에 등단했다.
1947년 조기천이 발표한 장편 서사시 〈백두산〉은 박세영이 월북하 여 1962년 발표한 〈밀림의 역사〉와 더불어 북한의 2대 걸작 서사시 로 평가받고 있다 한국전쟁 당시 종군기자로 참전했고 미군의 폭격 을 받아 평양에서 사망했다.
남한에도 널리 알려진 노래 '휘파람'도 조기천의 시에 리종오가 곡을 붙여 발표한 것이다.

문경고개

조기천 작사 리면상 작곡
김영승 구술 김강곤 채보

차분하고 느리게

문경 고 개 – 는 얼 마 – 나_____ 높 – 던_ 가 오

르 – 면 서_칠 십 – 리 내 리 면 서 – 칠 십 리 저

녁 – 부 터 오 르 – 던 가 버 – 운 – 안 개 – 도 무 거 워 선 가 힘 거 위

선 가 – 높 은 령 중 터 – 에 서 – 잠 들 – 고 – 말 았 다 오 이 나

라 의 자 유 와 행 복 – 을 – 위 하 – 어 피 흘 리 면 서 쓰 러 지

면 서 – 높 은 령 이 고_개 – 를 단 숨 – 에 – 넘 었 다 오

문경고개: 이 악보는 김영승이 원곡과는 조금 다르게 남도지방의 시김새를 많이 넣어서 부르고 있는데 김강곤이 채보한 것이다.

을 못 하는데 내가 '도라지'와 '성불사의 밤'을 불렀다고 말하니 간수는 한번 불러보라고 하기에 '문경고개'에 곡처럼 맞추어 불렀는데 듣고서 아닌데 하고 말하니 옆에 있는 동지들도 전부 그 노래를 불렀다고 한목소리를 냈었다.

그 후 간수 보고에 의해서 감방 전체가 불러나가 조사를 받았으나 호되게 두들겨 패는 매만 맞고 제 빙에 들어온 사실도 있었다. 그 후에 임기응변을 잘한다고 칭찬받기도 했다.

공화국에서 부르는 노래를 이러한 환경에서 배웠다. 그때 노래를 가르쳐준 동지는 출옥 후 돌아가신 비전향 장기수 금재성 동지였다. 금재성 동지 외 노래를 가르쳐준 동지들은 그 후 모두 전향했다.

1965년 4사 북풍 바라지에 10개 방은 서로 감방 간에 소통을 통하여 통일적인 생활을 할 수 있었다. 다른 방들은 독방이나 한방 떼어 있어 통일적인 생활할 수 없었다.

그 당시에는 면회 없는 동지들 방과 면회를 오는 동지들의 방은 차별을 두고 있었다. 면회 없는 방은 1년 열두 달 관식밖에 먹지 못하는 어려움을 겪고 있었다.

면회 오는 방에서 구매물을 사서 사방 소제를 공작해서 전달해 주기도 하지만 날마다 검방 검신하기 때문에 이상한 물품이나 먹을 것이 있을 때는 압수당하고 불려 나가 조사를 받았다.

이 과정에서 고문·구타를 당하기 마련이다. 결국 사준 방 동지들도 고문·구타를 당하여 먹방에 들어가 징벌을 받게 된다. 그런 관계로 구매물을 사 먹는 동지도 맘이 편치 않다. 그런 환경 속에서 관에서 주는 것 외에는 감추어 놓을 곳도 없기에 있는 방과 없는 방 생활의 차이가 크게 났다.

아예 독방에 있는 동지나 혼방한 동지들 중에 자기 이익만 생각하고 구매물이나 영양제를 자기 혼자만 먹는 경우 비난을 많이 받았다.

이런 환경 속에서 리더쉽을 갖고 조율하는 동지가 없다. 그런 관계로 머리에 든 사상뿐이지 생활은 개인 자유주의 생활이었다고 할 수 있다. 일상생활에서 비누가 없어 손과 몸을 제대로 씻을 수 없었다.

당국에서 주는 빨랫비누 한 조각으로 한 달을 살아야 한다. 러닝셔츠가 없어 걸레를 찢어 실로 꿰매 입다 보니 나중에는 실밥만 나타난다. 그나마 검신에서 압수당하고 말았다. 초기에는 위 내의만 허락했다가 나중에는 한 벌을 허락했다,

이렇게 되니 좀 여유가 있는 분들은 털내의도 차입해 들어와 소제들과 범칙을 안 할 수 없다. 왜냐하면 소제들에 눈 밖에 나면 생활이 어렵기 때문에 범칙하게 된다.

이러한 4사 생활 속에서 10개 방이 통일적인 생활하기를 동의만 하면 소제와 범칙을 통하지 않고 얼마든지 할 수 있다고 생각했다.

그래서 나의 양쪽 방은 방 천장 구석에 공기통이 있어 한 사람이 시찰구를 내다보면 사방 간수나 소제의 움직임을 알 수 있기 때문에 양 어깨 위에 올라 천장 구석 공기통을 이용하여 먹을 것을 주고받을 수 있었다. 옛 목재 건물이기 때문에 가능했다. 그래서 통일 경제생활을 제기할 수 있었다.

그런데 우리 양옆에 있는 3개 방은 절대 지지하고 7개 방은 반대하였다. 반대한 7개 방은 영치금도 들어와 구매물을 사 먹을 수 있는 방이고, 찬성한 3개 방은 가족 면회가 전혀 없어 주는 관식에만 의존하는 기본출신 방이었다.

그래서 "과기 평등 사회를 쟁취하기 위해서 싸운 투쟁 원칙을 망각한 개인 자유주의 생활로 전락했는가?"라고 비판했다.

결국 10개 방 총화를 짓는데 어느 양 방의 마루방 빈틈을 이용한 통방을 큰소리로 하다가 간수에게 들켜 그 방 5명이 모두 불려 나갔다. 각자가 통일적인 암호도 정하지 않고 개별적으로 분리하여 취조 중에 이런 말 한마디는 괜찮겠다고 생각하여 말하다 보니 들통이 나고 말았다. 감시 원칙을 망각한 데서 오는 결과였다.

그래서 들통난 양 방 두 동지와 제기한 내 방은 내가 책임지고 3명이 먹방에서 수정 차고 2개월 징벌을 받았다.

그 후에 7사 독방으로 전방되었다. 그때도 생각했지만 반대로 결론 지었으면 사고 나지 않았을 것인데 교도소 상황을 잘못 파악하고 무조건 원칙만 주장한 것을 전적으로 비판받아야 한다고 생각했다.

이러한 투쟁 과정을 겪고 난 후는 적들의 감시가 강화되고 전방 조치가 많아 어려움이 많았으나 사상성은 더욱 확고해졌다. 이후 교도소의 통일적인 생활에 많은 경험과 교훈이 되었다.

대열 보존을 위한 투쟁

교도소 안 특별사에서 죽느냐 사느냐 하는 투쟁(비전향 여부) 속에서 독방에 있는 동지, 혼거하는 동지들이 있다.

생활에서 절대적인 영향을 끼친다고 적들이 생각하는 동지는 독방에 두거나, 혼거하는 동지들 중에 투쟁에서 선발주자 하는 동지들도 독방에 넣는다. 그들의 맘대로 혼거했다가 독거도 하고 전방도 한다. 대전에는 특사가 5개 사가 있기 때문에 4사(76개 방)가 전부 독거 방이며 그 후에 지은 7사(27개 방)가 독거 방이다.

옆방 동지들과 통방 교류는 사방 담당 간수나 사방 뒤 순찰 담당 간수에게 잘 들킨다. 발각되면 통방한 두 방은 요절난다. 내용도 다 알아버리니 불러나가 고문당하고 먹방에 들어가 1개월 내지 2개월 징벌을 받는다. 그래도 굽히지 않고 하는 것이다.

처음에는 모스 부호[19]로 통방한다. 여간 어려움이 많다. 1961년

---

19) 모스 부호: morse code. 점이나 선으로 표현된 짧거나 긴 전류를 나타내는 전자파의 조합으로 사용자가 메시지를 보낼 수 있도록 부호로 만든 문자

5.16 박정희 쿠데타 후 8월에 전국적으로 흩어져 있던 비전향 장기수들이 대전으로 집결한 후부터는 대구 교도소에서 동지들이 통신 타자를 새로 발견하여 쓰고 있는 국문 모음 자음을 이용한 타자가 보급되었다. 전 사방이 벽을 사이에 두고 있으므로 쉬운 타자로 소통하고 대열 결속을 가져오는 데 중요한 무기가 되었다.

그런데 처음 쳐서 전하는 말과 맨 나중에 받는 말이 달라지는 수가 많다. 그 이유는 잘 못 듣고 기억하는 것이기 때문이다.

혼거하는 방은 한 사람은 앞 시찰구에 레타[20]를 대고 사방 간수나 소제들을 감시하고 또 한 사람은 뒤 창틀에 올라가 감방 뒤를 순찰하는 간수들을 감시하는 대원칙을 세워놓고 고도의 경각성을 제고하여 소통을 강화하는 것이 바로 '대열 보존 투쟁'이다.

그 내용은 바깥소식이나 생활 관련 옹호에 관한 것이며 중요한 학습 자료를 받기도 한다.

생활에서 자주 간수와 말을 통에 소식을 들으면 자기 감방만 소화시키는 것이 아니라 전 대열에게 타자를 통해 알려주는 것이다. 항상 내용은 조직적이고 형식은 간결해야 한다는 원칙을 확립하고 생활하는 것이다.

7사는 독거 방인데 혼거하는 방도 있다. 각방에 스피커를 맨 구석 천장 위에 설치해 놓고 전향시키기 위해서 미리 녹음해 둔 가냘픈 아

---

20) 레타: 유리 조각

가씨의 목소리로 선생들의 아내가 남편에게, 딸이 아빠에게 하소연하는 목소리로 방송하는데 이를 듣고 전향했다는 소리를 들어본 적이 없다.

그래서 낮 12시면 KBS 방송국에서 나오는 뉴스는 귀를 스피커에 들이대야 겨우 들을 수 있다. 때문에 감방 안에서 앞뒤 보초 보는 사람과 듣는 사람을 분간하여 배치한다. 그러나 들키는 경우가 있다.

이렇게 들은 소식은 정리하여 8사에 창틀에 올라 손가락으로 글을 써서 전달한다. 듣는 것과 다른 사에 전달하는 것은 내가 전부 책임을 지고 한다. 적들은 나중에 7사 각방 스피커를 전부 뜯어갔다.

이때 용케 한방이 뜯어 감추었다. 그래서 대남공작원 통신사였던 허성철 동지가 잘 이용하여 소제에게 구매물을 사주고 철사를 얻어 그걸로 방안 천정에 있는 전구와 플러스마이너스 연결해서 방안의 똥통에 연결해 박고 스피커에 연결해 밤에는 똥통에 쪼그리고 앉아서 밤새 듣는다.

들은 소식을 정리해서 7사와 8사에 전한다. 허성철 동지는 대전 테러 때 전향해서 대전에서 결혼도 하고 살고 있다는 것만 알고 있다.

그 후 변치수 동지가 나와 한방에 있으면서 그 전통을 이어받아 73년 9월 14일 광주교도소로 20명 이감 갈 때까지 들었다.

나중에는 천장 전구에 연결해서 변소 간 벽에 홈을 파서 그 안에 전선 줄을 넣고 하얀 회로 덮어서 똥통에서 밤새 들었다. 내가 들은 뉴스 가운데 7.4 공동성명을 직접 듣고 전파했다. 그때 동지들은 모두가 수고한다고 칭찬이 자자했다.

그런데 스피커 통을 감추는 것이 큰 문제였다. 매일 검방하기 때문이다. 그래서 베갯속에 감추었다. 광주에 와서 들은 소식에 의하면 내 방에 잡범이 있었는데 전구 불이 나가서 갈아 주려고 보니 선이 연결되어 있어 들통이 났다고 하며 그 방에 있던 잡범은 몽땅 두들겨 맞았다는 소식을 듣고 웃었다.

1962년도에 박정희 파쇼 정권은 운동시간이 들고 나가는 시간이 15분인데 우리 동지들을 길들이기 위해서 운동시간에 소위 재건체조를 시키고 있었다. 내가 2방에 있는데 전부 반대하지 않고 시키는 대로 하고 있었다.

그래서 내가 반대하여 담당 간수와 싸우는데 당시 사방부장은 이응하였다. 운동장 간수의 보고에 의하여 4사 먹방에 집어넣어졌다.

이유는 다른 방은 아무 말 없이 하는데, 나만 반대하고 선전 선동한다고 두들겨 패고도 모자라 뒷수갑을 채워서 먹방에 집어넣었다. 점심시간 배식을 하는데 뒷수갑을 풀어서 밥을 먹으라고 하는 틈을 타서 먹방 뒷창문을 깨뜨려서 손목과 배를 자르는데 마침 간수에게 들켜서 자살에 실패하고 말았다.

이때부터 15일간 먹방에서 죽을 고생을 했다. 그나마 내가 들어감으로 인하여 재건체조는 더 이상 시키지 않았다.

1975년 7월 15일에 나를 전향시키기 위해서 서울에 살고 있는 형님과 누이동생 부부를 만나 모 식당에서 밥을 먹으며 전향하라고 형님이 말하기에 전향 문제는 내가 알아서 할 것이니 신경 쓰지 말라고 하는 말끝에 죽어도 난 모른다고 하기에 "내가 나오지 못하고 교도소에서 죽거든 내 무덤에 '공산주의자 김영승 묘'라고 나무 묘비 하나 세워 달라"고 말하니, 당시 교화사는 유종음이었는데 성을 내며 이젠 그만 가자고 해서 다시 대전 4사로 들어 온 적이 있다.

아버지

우리 아버지는 1953년 12월 8일에 돌아가셨다.

이웃집에 살고 있는 산대(동네 이름) 양반이 우리 집 윗방의 문을 열어보니 돌아가셨다는 것이다.

아무리 불러도 대답이 없어 직접 와서 방문을 열어본 것이다. 지금 같으면 심장마비나 독약을 드시고 자결한 것일 텐데 구체적인 사망원인은 모른다. 그때는 의사의 진단도 없이 사망을 인정했다.

우리 아버지는 우리 면에서 대지주인 홍가네 집에서 20년 남의집살이에서 얻은 아주 척박한 논밭 10여 마지기를 빌어먹고 살았다. 1년 농사를 지어도 남들처럼 일 년 열두 달 먹고살 수 없었다. 봄이 오기도 전에 이미 겨울이면 식량이 다 떨어져서 아침저녁만 밥을 해 먹고 낮에는 아침밥을 두어 그릇 남겨 솥에 물을 붓고 끓여서 한 그릇씩 나누어 먹으며 끼니를 때우기도 했다. 그래서 봄이면 산에 올라가 고사리, 취나물, 죽순 등을 뜯어와 말려서 영광 백수면 들녘에 가서 쌀과 맞바꾸어 오곤 했다.

이런 일은 어머니가 다 했다. 아버지는 남의 산에서 숫돌을 캐낸다. 이것도 징으로 파고 들어가는데 날이 궂으면 굴 천정에서 토사와 돌이 떨어져서 몸에 안 맞을 수 없어 맞으면 며칠씩 아파 눕기도 한다. 지금처럼 안전한 동바리[21]를 세우지 않고 혼자서 파고 들어가니 바깥에서 들여다보면 위험천만한 굴속이었다.

필자가 점심밥을 들고 가기라도 하면 위험하다며 굴 안에 들어오지 못하게 한다. 일을 마치고 저녁에 집에 오시면 가끔 연암리 하세미 주막집에서 막걸리 한 병 받아오라면 사다 드리기도 했다.

이렇게 숫돌을 캐서 잘 다듬어 지게에 짊어지고 장날이면 시장에 가서 팔아 식량과 부식을 사 온다. 이때 나는 소학교 다닐 때인데 이렇게 장날에 나가면 언제나 캄캄한 밤에 오신다.

집에서 장까지 20리인데 10여 리는 마중을 가서 '아버지 인제 오시냐'고 인사하면 '오냐' 하면서 손에 들고 온 부식 거리를 건네주면 받아 들고 온다. 장날이면 한 번도 빠지지 않고 마중 나가서 인사하고 들고 온 물건을 받아 들고 오기 때문에 여간 좋아하지 않으신다.

이웃집 아저씨들도 부러워한다. 이렇게 죽을힘을 다해 일을 하는데도 배부르게 먹지 못해 항상 배고파했다.

나도 열너댓 살 먹었을 때 지게를 맞추어 장작을 7~8개 짊어지고 10리 길에 있는 함평 문장 장날에 가서 장작을 팔아 필기도구를 사기

---

21) 동바리: 땅이나 굴을 팔 때에, 흙이 무너지지 아니하도록 임시로 설치하는 가설 구조물.

도 했다.

이때 어른들 장작 지게 더미 속에 지게를 받쳐 놓으면 어른들이 이놈아 이게 장작이라고 하겠느냐고 웃으면서 말한다.

하루 종일 지게를 받쳐 놓고 있어도 누구 하나 물어보는 사람 없었다. 해가 기울어져 어둠이 들어 딱하게 보는 어른들이 팔아주어 공책 1권과 연필 하나 사니 돈이 다 떨어져서 털털 굶고 집에 와 밥을 먹으면서 오늘 벌어진 일에 대하여 부모님께 말하니 가지 말라는 말을 들었어야 한다고 말씀하셨다.

그 후에도 한두 번 문장 장에 짊어지고 가서 어른들에 끼어서 팔았다.

우리 아버지는 엄격해서 어렸을 때는 매우 무서워했다. 한 번은 큰 누나가 쟁기 보습을 깨놓고는 아버지가 두려워 내가 깼다고 말하여 아버지에게 호되게 회초리로 맞은 적이 있었다. 나는 깨지 않았다고 끝까지 두들겨 맞으면서도 부인하니 어머님이 그 장면을 보고 그만 때리라고 회초리를 빼앗은 것을 보고 달아났다.

아버지는 한문을 배워야 장차 출세도 하지 언문(국문)을 아무리 배워 봐야 소용이 없다고 해서 서당에 3년을 다녔다.

광복 후에 돈이 없어 학교에 들어가지 못한 사람 집안의 어린이들을 학교에 보내라고 해서 학교에 들어가려 하니 '한문을 그대로 배워라' 해서 완강하게 저항했다.

결국에는 오전에는 학교 공부하고 오후에는 이웃집 서당에 가서 공부하라고 해서 그렇게 하다가 서당을 그만두고 학교 공부에 전념하게 되었다.

아버지는 1949년 여름(당시 6월)에 묘량면 연암리 뒷산에서 숫돌을 캐고 있었다.

밀재 출장소에 있는 전투경찰대 7명이 여자들에게 죽창 훈련을 시키기 위해서 광주에서 영광읍으로 오는 버스에 올라 타 삼학리 삼산 마을에 있는 분교에 매일 왔다. 연암리 당시 하세미 주막 앞으로 연정골에서 연암리로 오는 다리에서 빨치산이 경찰을 기습하여 전투경찰 6명이 사살되고 애 밴 여자 한 명이 죽었다. 오후에 영광기동대가 동원되어 빨치산의 족적을 따라 불갑산으로 추격하는 도중에 숫돌 굴을 발견하고 굴속을 향해 총을 난사했다. 총소리에 놀라 겁을 먹고 쪼그리고 앉아 있는 아버지를 꺼내놓고 무조건 두들겨 패면서 "네가 빨치산 부대에 알려준 것 아니냐?"고 막 두들겨 패도 "나는 숫돌만 캐는 영감인데 모른다"고 말했으나, 아버지 말을 믿지 않고 결국 아버지를 수건으로 얼굴을 가리고 총살시키려고 할 때 마침 밀재 출장소 소장이 이 광경을 보았다. 밀재 출장소 소장은 어떤 사람이냐며 얼굴을 감싼 수건을 벗기니 우리 아버지임을 알고 "이 영감은 숫돌만 캐는 영감이며 밀재 출장소 지을 때 돌담 벽을 쌓은 영감"이라고 "죽여서는 안 된다"고 말하여 겨우 살아났다.

너무 두들겨 맞아 거동이 불편한 아버지를 그놈들이 업어다가 하세미 주막집에 내려놓고는 우리 집에 알리었다. 우리 형님이 찾아가서 업어다가 방에 눕히며 놓고 당시 약이 없어 두들겨 맞은 데는 똥물이

특효약이라 하어 소우리에서 똥 덩어리를 제치고 똥물을 먹고 살아 났다.

이렇게 고생한 아버지는 1950년 9.28 후퇴 때 묘량면 산인 장안산 태청산에 입산했다가 피난민들을 다 죽일 수 없어 자기가 사는 마을로 내려가라는 면당의 지시에 의해서 마을로 내려왔다.

당시 내촌마을이 가장 반동 마을이었다. 강씨 집성촌인데 강대전이란 경찰 놈이 살아 돌아와서 근방 마을 청년들을 개인감정으로 모두 학살하는데 형님과는 술친구 사이라 형님은 죽이지 않고 살았다.

내가 불갑산에 있을 때 두 번 내려와 집안 식구들을 입산시키려고 내려와 방문을 여니 아버지 혼자 있었다. 어머니는 이웃집 물레[22] 품앗이를 가 있었다.

아버지는 깜짝 놀라면서 네 친구도 중학교에 아무런 일 없이 다니고 있으니 너도 올라가지 말고 중학교에 다니라고 간곡하게 요구하는 것을 뿌리쳤다. 제2국민병 모집에 아버지도 끌려갈 수 있으니 며칠날 다시 올 것이니 입산할 준비하고 있으라 주문하고 나왔다. 이웃집 물레 품앗이 가신 어머니를 뵙기 위해 가서 보니 할머니들이 대여섯 명 되는데 깜짝 놀라며 어떤 일인가 하고 묻기에 며칠만 더 참으면 다시 해방 세상이 된다고 말하니 참 좋아했다. 당시 전남북 무장부대가 합동작전을 하려고 이야기되고 있을 때였다. 이렇게 말하고 어머니를 모시

---

22) 물레: 솜이나 털 따위의 섬유를 자아서 실을 만드는 기구

고 집으로 왔다.

그 후 며칠 있다가 또 내려가니 집안이 텅 비어 있었다. 그래서 서씨 집안만 입산시켰다. 그런데 불갑산 용천사 뒤 고지에서 이불 짐을 짊어지고 올라오는 이웃 신대 양반 부부가 손자만 데리고 오는데 그 뒤에 부모님과 여동생 둘을 데리고 오는 것을 보고 반갑게 맞이했다.

그래서 오도치 마을에 불타버린 집터 위에 칸막이를 가로질러 치고 불을 때여 먹여 살리었다.

1951년 2월 20일 2.20작전 때 전투지구를 벗어났기 때문에 살아났다.

그때 나는 나주 금성산에서 내 어린 두 여동생을 데리고 있었다. 그 후에 안 일이지만 우리 부모님은 나를 찾는다고 얻어먹어 가며 샅샅이 불갑산 산간을 헤매고 다녔다 한다. 그 후 53년에 어린 동생들과 살아 고향에서 합류했다고 한다.

그리하여 자수자들의 말에 의하면 산에서 내가 총에 맞아 쓰러졌다는 소식을 듣고 아예 죽은 줄로 생각하고 잊고 살았다고 한다. 우리 아버지도 내가 죽은 줄로 생각하다가 돌아가셨다고 한다. 항상 이 자식을 잊지 못해 '영승이'를 불렀다고 한다.

우리 아버지는 배운 것 없어도 귀동냥해서 내가 한문 천자를 외울 때 더듬거리면 듣고 있다가 이런 자 아니냐고 말씀하시기도 한 영리한 분이었다.

문중 일도 혼자 도맡아서 하고 마을에 궂은일도 도맡아 하고 이웃집과 시비가 있이 씨울 때도 중재 역할을 다했다. 그래서 근방에서는 평판이 매우 좋았다.

　나와의 부자간의 관계에서도 내 말이라면 그대로 듣고 이행했다. 그래서 우리 아버지를 존경한다.

　효성을 알았을 때는 부모님은 이미 저세상으로 가셨다. 그래서 효속에 충을 찾지 말고 충 속에서 효를 찾아야 한다는 것을 느꼈다. 이 말은 내 조국과 인민을 사랑하는 그 충성 속에서 효도를 찾아야 한다는 것이다. 그 충성은 모든 인민에 대한 효도가 되기 때문이다.

비전향말살책에 희생된 동지들

교도소 투쟁 중에 수많은 동지가 조국과 인민을 위해 사랑도 청춘도 재산도 생명까지 다 바쳤다. 동지들 중 지금도 잊을 수 없는 동지들을 열거하면 다음과 같다.

박○○ 동지

박○○ 동지는 고향이 전남 보성으로서 1954년도에 백운산에서 당 지도부 연락병으로 투쟁하다가 체포되었다. 1957년 대전교도소에서 폐결핵으로 병사에 입원 중이었다. 병사의 의무과장은 안상현이었다. 이 자의 말은 빨간 고춧가루도 안 먹는다고 하면서 폐결핵인데도 전향하지 않는다고 약도 주지 않아 결국에 희생되고 말았다.

박 동지의 죽음은 비전향자로서는 대전교도소의 첫 희생자였다는 기록을 남기었다.

박병일 동지

박병일 동지는 전남 보성이 고향이며 빨치산 출신도 아닌데 20년을 받고 공주교도소에서 살다가 대전교도소로 이감 온 지 얼마 안 되었을 때다.

1964년 3월 8일 대전 특별사 4사에 수용되어 있었는데 목욕하는 날이기도 하였다.

한번 물을 덥히면 돼지털을 벗길 정도로 뜨겁게 하여 수건을 적실 수 없을 정도였다. 뜨겁게 하여 76개 감방에 수용된 인원을 다 시킨다. 그래서 목욕 날 싸움이 없지 않은 때가 없다. 그때 목욕 시간이 짧다고 담당 간수와 말싸움이 있었는데 간수가 넘어졌다. 소제와 목욕탕에 들어가는 문을 사이에 두고 말싸움이 있었는데 복도의 물이 있는 곳에서 시비하다 소제가 넘어져 목욕탕 문의 유리가 파손되었다.

파손 책임과 간수가 넘어진 것을 문제 삼아 보고하여 두들겨 패고 먹방에 수정을 채워서 집어넣었다. 그리고 박 동지의 영치금 통장을 통해 창문 유리를 강제로 변상시켰다.

이 억울한 처사에 대한 불만이 창문 유리를 부숴 자살로 이어졌다. 청소가 나중에 먹방에 들어가 보니 철장에 목 매달은 상황을 보고 당황하여 소리를 질러 우리 동지들이 알게 되었다.

자살 일자는 3월 8일인데 3월 9일 아침에 내방에서 3방 거리에 있는 당시 60대 동지(이름 미상)가 시찰구에 대고 전체 단식투쟁을 선포하여 아침부터 4사 전체가 단식에 들어가며 죽이지 말라고 각방이 고함을 질렀다.

이에 당황한 윤병희 소장은 겁에 질려 사방 중앙과 관망대에서 4사를 향에 총을 겨겨대었다.

이는 교도소 역사상 처음 있는 총포였다. 이후 3일이 되니 한방씩 불러내 두들겨 패면서 복식하라고 강요했다.

윤병희 소장의 별명이 '돼지' '빠꾸샤[23]'이다. 전쟁 때 전주 교도소 서무과장을 하며 1,800여 명의 우리 동지 명단을 불러주었다고 반공 강연을 위해 강당에 모아 놓고 자랑스럽게 말을 뇌까리는 것도 들었다.

교도소 역사상 4사 전체가 단식투쟁을 하는 것도, 놈들이 총탄을 퍼부은 것도 처음이었다.

그 후 3일간 단식하는 동안 감방별로 불려 나가 여러 군데서 두들겨 패면서 강제로 급식하게 했다.

그래서 이 투쟁을 3.9 투쟁이라 칭했다.

희생된 박병일 동지 시신을 어떻게 처리한 것인지 지금껏 모르고 있다.

이용훈 동지

이용훈 동지는 소위 간첩으로 무기형을 받고 비전향 장기수로 복역하고 있었다. 나와도 한 방에 한 달쯤 함께 있었다. 후퇴 후 북쪽에 갔다가 다시 내려와 체포되었다. 사실 인텔리로서 온후한 성격을 갖고 있었지만 사상은 확고부동하였다.

딸이 매월 편지와 영치금도 자주 넣었다. 고혈압 환자였다.

---

23) 빠꾸샤: 버크셔라는 품종

이용훈 동지는 자기 개인의 이익보다 전 대열의 이익을 위해 처우 문제와 강제 전향 문제에 소장이나 과장 면담도 했었다.

당시 65세이고 30년 징역을 살면서 적들의 처우와 전향공작에 이 이상 더 버틸 수 없었고 그렇다고 사상을 버릴 수 없어 1985년 10월 24일 동지들에게 "통일된 우리의 조국에서 여러분의 무궁한 번영을 누리시길 바라며 조용히 갑니다"라는 유서를 남기고 자살하였다. 참으로 안타까운 심정이다.

황필구 동지

황필구 동지는 71세의 고령인데 소위 간첩으로 30여 년 비전향자로 살면서 비전향말살책 속에서 두들겨 맞아 절뚝거리며 언제까지나 적들의 탄압 속에 살 수 없어 마지막을 깨끗이 정리하겠다는 굳은 신념으로 1985년 11월 19일 자결로 생을 마감했다.

대전에 살 때 나와 몇 방 건너 있어 통방은 한번 했었다. 전북 고창에 묘소가 있으며 종제[24]가 살아있었다.

강동찬 동지

강동찬 동지는 무기형을 받은 비전향 장기수로서 적들의 비전향말살책 속에서 혈압이 130에서 220까지 오르는 상태였다. 누구보다 치료가 급했으나 치료는 고사하고 강제 전향에만 관심이 있어 각종 고

---

24) 종제: 사촌 아우

문·구타를 당하는 가운데 혈압이 터져 반신불수가 되었다.

그가 반신불수임에도 불구하고 저들은 전향에만 매달려 끝내 희생되고 말았다.

아주 강인한 성격이었기 때문에 누구 못지않게 놈들과 잘 싸웠으며 대신 누구보다 많이 두들겨 맞았으며 탄압을 많이 받았던 잊을 수 없는 동지다.

조용순 동지

조용순 동지는 해방 후 노총 사무총장을 하였다. 조용순 동지는 고혈압 반신불수半身不隨자였지만 끝까지 비전향을 고수한 동지였다. 광주에 살 때 몇 방 건너편 독방에 기거 중인데 운동 나갈 때 누구라도 업고 나가지 않고는 운동을 할 수 없었다. 그래서 담당 간수에게 말하여 내가 업고 나가기도 했다. 그때 뒤로 제쳐 업다가 허리를 삐어 지금도 허리가 아파 구부렸다 폈다를 몇 번 하면 아파 못한다. 그래서 그가 비전향을 고수하면서 작고했지만 잊지를 못한다.

조용순 동지도 강동찬 동지처럼 놈들의 고문·구타 속에 혈압이 터져 희생되었다.

변치수 동지

변치수 동지는 대전에 7사에 있을 때 나와 한방에 있었다.

한방에 있으면서 밤에 삐삐통신을 똥통에서 듣고 창틀에 올라 8사 동지들에게 전하기도 한 동지이다. 광주에 한 사방에서 살면서 놈들의 비진향말살책 속에서 갖은 고문·구타를 많이 당해 정신이 좀 희미하기도 했다.

그리하여 1975년 11월 22일 도저히 더 이상 살 수 없기 때문에 목을 매어 자결하였다. 변치수 동지는 서울 성동구에 친척들이 있었다.

내가 시신을 입관하는데 입회하겠다고 담당에게 말한 것을 적들이 알고 불려 나가 다른 방은 가만히 있는데 앞에 나서 선동한다고 두들겨 맞기도 했다.

김규호 동지

김규호 동지는 조선에 있을 때 농민신문사 주필을 했으며 인텔리로서 지도적 역할을 수행하고 있었기 때문에 전향공작이 집중해 있었다. 위장이 나빠 한 숟갈 입에 넣으면 300여 번 씹어야 소화가 될 정도로 약이 없으면 살 수 없는 처지에 있었다.

적들은 강제 전향을 시키는데 약을 못 먹게 다 압수해 가고 주지 않고 고문·구타만 하고 있었다. 이제는 더 이상 살 수 없다고 자각한 나머지 목매 자결하였다. 시신은 강진 선산에 묻혀 있다.

탁해섭 동지

전주교도소에서는 탁해섭 동지가 비전향말살책 속에서 자결로 희생되었다.

하야청 동지

대전교도소가 비전향을 이유로 감호처분 시켜 아직 감호소가 개설되지 않아 대전교도소 특별사 중 제8사를 쓰고 있을 때 하야청 동지가 자결로써 희생되었다. 하야청 동지는 2차 세계대전 중 소련 군대에 포로가 되었던 동지다.

고향집으로 가는데 남쪽을 거쳐 가기 때문에 붙잡아 고향이 미덥지 않다고 인천교도소에 넣었다가 석방시키지 않고 있었다. 1975년에 사회안전법이 시행돼 감호처분 시켜서 대전 8사에 수용 중 교도소에서 살다 죽을 것 같아 목을 매어 자결하였다. 감호된 후 첫 자결자의 기록을 남기었다.

최석기 동지

대전교도소에 사형장이 있었는데 이 사형장을 제2병사로 개조했으나 강제 전향 제작소가 되었다.

최석기 동지는 고향이 북쪽이고 소위 간첩으로 무기형을 받고 대전교도소에 살았는데 제2병사에 폭력 깡패 재소자 조돈웅 외 1명과 함께 넣고 국방색 담요를 뒤집어씌우고 무지막지하게 구타했고 심지어 바늘로 찌르는 고문까지 하여 1974년 4월 4일에 희생당했다.

이 희생으로 검찰에까지 불려 나갔으나 흐지부지되고 말았다.

박융서 동지

박융서 동지는 1958년도에 내려왔다가 체포되어 무기형을 받았다. 내려올 때 중좌 계급장을 달고 보안대에 근무하다가 내려온 동지다.

박융서 동지는 7사 독방에 있었는데 강제 전향시키려고 운동장에

끌고 나가 두들겨 패고 제2병사에 집어넣고 고문·구타를 거의 매일 당하고 있는 마당에 더 이상 살 수 없어 머리를 벽에 들이받아 피를 흘리면서 "나는 먼저 갑니다. 전향하지 말기 바란다. 강제전향시키지 말라"라고 유서를 벽에 써놓고 자결했다.

김용성 동지와 변형만 동지

새로 개설된 청주보안감호소에서 희생된 동지가 16명인데 특히 김용성 동지와 변형만 동지는 1980년 7월 11일 집단 단식투쟁 때 고혈압 환자임에도 불구하고 강제급식 과정에서 희생당하고 말았다.

이상률 동지

이상률 동지는 구빨치로서 순천군당위원장도 하고 전남 조계산지구 위원장을 하다가 1954년에 체포되어 징역 15년을 살고 비전향 출옥하였다. 구례군 광의면에서 결혼하여 딸 둘을 낳고 살았는데 비전향을 이유로 감호처분 되어 청주보안감호소에 살면서 뇌낭충증에 걸렸으나 처음에는 꾀병한다고 치료를 제대로 해주지 않고 전향공작에만 혈안 되어 있었다.

결국 다 죽게 되니 그때야 사회 병원에 나가 뇌 촬영을 하니 뇌낭충증임을 확인했으나 이미 치료의 기회를 놓치고 말았다. 결국에는 1987년 2월 17일 청주보안감호소 독방에서 희생되고 말았다. 시신은 가족이 찾아가 아산면 공동묘지에 묻혀 있다.

공인두 동지

공인두 동지는 구빨치 출신으로 1950년 9.28 후퇴 후 경남 동부지구당 위원장까지 한 동지로서 20년 만기로 비전향 출옥했는데 두 달 만에 비전향을 이유로 세기의 악법인 사회안전법에 의한 감호처분되어 청주보안감호소에서 비전향자로 살았는데 결국 고문·구타를 다 겪는 과정에 고혈압으로 희생당하고 말았다.

시신은 가족이 찾아가 유분을 바다에 뿌리고 말았다. 지금껏 뿌린 위치를 찾지 못하고 있다. 한편 결혼 생활을 6개월밖에 못 했는데 사모님은 개가하지 않고 20여 년을 기다리다 만났으나 출옥한 지 두 달 만에 다시 잡아가는 경찰들에게 두 다리를 쭉 뻗고 "이렇게 일찍 잡아가려면 왜 내보냈냐"고 목메어 울었다는 소식을 접하기도 했다. 돌아가신 지 오래되었다.

김대석 동지

대구교도소에서 징역살이한 김대석 동지는 제주 출신으로 1965년에 국가보안법으로 10년 형을 받고 대구교도소에 살면서 강제 전향공작 과정에서 혹독한 고문·구타를 매일 당하면서 만기 4년을 남겨두고 도저히 버틸 수 없어 결국 1971년 10월 4일에 자결하고 말았다.

교도소 투쟁에서 살아 있는 가족 친지들과의 연계

　비전향 35년 9개월 동안 살아 있는 어머님을 3번 면회하였으며, 손위 누님은 2번 면회했으며, 형수님도 2번 면회했다. 큰형님은 1번, 큰누나도 1번 면회했다. 그러니까 총 9번 면회한 것이다.

　어머님과 큰형님은 내가 사형받고 대구 미결사에 있을 때이다.

　1954년 4월 28일. 남원 고등군사법원에서 사형선고를 받았을 때 국선 변호사가 나를 가엽게 여겼는지 나를 보고 고향이 어디이며 가족이 있는가를 묻기에 가족이 모두 입산해서 다 죽은 줄 알고 있다고 말을 하니 혹시 살아 있을 수도 있으니 주소나 한번 가르쳐 달라고 해서 가르쳐 준 사실이 있었다.

　변호사가 편지를 한 모양이다. 그래서 어머님이 대구로 면회를 왔다. 이 편지를 받고 꿈인지 생시인지 어쩔 줄을 몰랐다고 하면서 자수자가 내가 총을 맞고 쓰러져 죽은 것을 봤다고 해서 이미 다 잊고 살았는데 사형을 받고 대구로 이감 갔다는 편지를 받고 큰 충격을 받았다고 말씀하셨다.

또한 대구에서 박치호 변호사의 편지를 받고 분명히 살아 있구나 하는 것을 알고 있었다고 말씀하신다.

사실 대구 미결사에 있을 때 사방 관구부장이란 자가 내가 사형을 받고 있는 것을 측은지심이 들어서인지 어느 날 나를 불러내 대구에 유명한 변호사가 있으니 한번 만나보라 해서 그렇게 하겠다고 말했는데 하루 지나 변호사와 면회했다. 나와 면회한 박치호 변호사가 어머님께 편지를 했는데, 그 편지를 받고 살아 있음을 확인하고 급히 달려오다시피 했다는 것이다.

처음 뵈었을 때 서로 살아 있음이 확인돼 그 얼마나 기뻐했는지 모른다. 그러나 과연 살아 돌아올지 알 수 없다는 생각에 절망하는 눈빛으로 변하여 쏟아내는 어머님의 눈물이 나의 마음을 아프게 했다. 형님에게 전답을 다 팔아서라도 내가 살아 나올 수 있다면 팔고서라도 했으면 좋겠다고 말을 하니까 그렇게라도 네가 살아나올 수만 있다면야 그리하겠다고 했다. 나는 다음에 면회올 때는 변호사 만나보고 가능하면 면회를 오고 불가능하면 면회를 오지 말라고 당부했다. 이제나 저제나 소식이 오길 내심 기다렸다.

그 후 형님은 촌 전답을 다 팔고서 박치호 변호사를 만났으나 효험이 없다는 것을 알고 술로 그 전답값을 다 탕진했다는 것도 알게 되었다.

이때부터 집도 전답도 다 없어지고, 문중 제막에서 살게 되는 빈한한 삶이 계속되었다. 집 없이 사는 신세라 서울 안양천의 단칸방에 월세로 살게 되었는데 안양천 물난리 때 집이 무너져 막내 아들이 물에 떠내려가는 것을 보고 아들을 건지려다 떠내려가서 익사하고 말았다. 다행히 아들은 10리쯤 떠내려가다가 나무에 걸려 살아났다.

두 번째 면회는 사형에서 무기로 감형받아 대구 근처에 있는 김천소년교도소에 있을 때인 1955년이다. 어머님께서 아직도 대구교도소에서 살고 있는 줄 알고 대구교도소로 면회를 왔다가 김천소년교도소로 이감 갔다는 소식을 듣고 김천소년교도소로 버스를 타고 오는 중 큰 조카 딸이 식모살이해서 삼촌에게 넣어주라고 준 돈 2,000원을 소매치기당해 한 푼도 넣어주지 못해 미안하다고 말씀하신 어머님 모습을 잊을 수 없다.

당시는 촌 할아버지 할머니들의 허술한 돈주머니를 절도범들이 노리고 소매치기하는 경우가 많았다.

어머님의 마지막 세 번째의 면회가 1966년도 여름이었다. 이때는 전향공작상 면회가 꼭 필요하다는 의도에 의해서 한번은 시켜주고 있는 때이다.

그때도 소장실에서 소장 입회하에서 교무과 유종음 교화사가 참가하는 3인이었다. 이때 어머니 너무 염려하시지 말라고 하니까 소장 놈이 끼어들어 공산주의자는 부모님도 모르는 냉혹 인간이라고 하기에 공산주의자들이야말로 누구보다 부모님을 사랑한다고 맞받아쳤더니 소장 놈은 화를 내며 이젠 이런 사람은 면회시킬 필요 없다고 하면서 돌려보내라고 하였다.

그때 어머님께서 "유엔에서 대한민국기가 휘날리고 있다" 하는 말씀을 듣고 "어머님 어떻게 아느냐?"고 물으니 교화과에서 이런 말을 하라고 시키더라고 하시는 말을 들었다. 면회는 전향공작상 필요에 의해서 한번은 시켜주는 데 사전에 교화과에서 어떤 말을 할 것에 대한 사전 교육을 받고 하는 것임을 확인했다.

그 후에 어머님은 지금 같으면 위암에 걸려 백약이 무효하다는 큰조카 딸의 편지를 받기도 했다.

그 후 8월 25일에 영승이를 불러보며 마지막 운명하셨다는데, 돌아가신 후 2개월 만에 큰 조카의 편지를 받고 독방에서 눈물을 흘리기도 했다.

나는 전에 아버님이 58세에 돌아가셨다는 비보를 듣고도 눈물을 흘려 본 적이 없는데 그때 처음으로 눈물을 흘리면서 다짐하기도 했다.

그 후 대전에서 살 때 1975년 여름에 사회참관 한번 나가서 서울에 살고 있는 막내 동생 집에 가 본 적이 있다. 그때 큰형님과 막내 내외를 만나 점심을 같이 한 적이 있었다. 첫날 서울에 가서 서울구치소에서 하룻저녁을 자고 큰형님을 만났다.

그때 큰형님이 "전향하면 나온다고 하는데 교도소에서 평생 살다가 죽어서 나올 것이냐?"고 말하기에 나는 "전향한다고 당장 나오는 것도 아니고 내 문제는 내가 알아서 할 것이니 나에게 맡기라"고 말하니 "네가 죽어도 나는 모르니 잘 알아서 하라"고 하기에 "내가 죽거든 내 무덤에 '공산주의자 김영승'이란 푯말 하나 세워달라"고 말했더니 교화사가 듣고서 빨리 가자고 해서 대전으로 돌아온 사실이 있었다.

그 후 광주에 있을 때 일차 만기가 74년 4월 28일인데 만기 한 달을 남겨놓고 큰 누님이 면회와 교화과 상담실에서 나를 붙잡고 전향하라고 눈물을 흘리며 애원하다시피 했다. 하지만 나는 내 문제는 내가 알아서 할 것이니 그 이상 말하지 말라고 했다. 잠시 후 '그만!'하고 큰 누님을 내보낸 후 신학원 담당 놈은 전향하지 않는다고 마구 짓밟고 갈비뼈를 차서 한 달간 꼼짝 못 하는 상황에서 자살도 하려 했다. 그러나 이렇게 죽으면 개죽음이라 생각하고 끝까지 싸우다 죽겠다는 새로운 마음을 단단히 하고 살아서 투쟁을 이어갔다.

그리고 대전에 살 때 23세 때에 머리가 아파 벗겨지기 시작하자 의무과 진찰을 해본 결과 아직 박사될 나이는 안되었는데 영양부족에서 온 것이기 때문에 영양을 많이 섭취해야 된다는 처방을 받았다. 머리가 아프고 가려워서 손으로 머리를 긁적이면 머리칼이 수없이 빠졌다가 다시 나곤 한다. 결국에는 잔털이 된다. 그래서 '벗겨지기'란 별명을 갖기도 했다. 사방에서 어떤 사건이 발생했을 때는 내가 책임지고 많이 나가기 때문에 계호과에서는 '벗겨지기 또 나왔네'라고 간수들이 말한다. 그래서 고향집에 영양이 부족해서 머리가 다 빠졌으니 영양제를 좀 부쳐달라고 편지했다. 촌에서는 보리 미숫가루 한 말을 붙여오기도 했으나 차입품은 일절 받아주지 않았기 때문에 소포는 왔으나 영치되어 있었다. 광주로 이감 갈 때 영치품을 뒤져보니 없어지고 말았다. 김천에 살 때도 보리 미숫가루 한 말을 붙여왔는데 받아주어 나는 한 되박도 못 먹고 다 나누어 주는 바람에 김천 번호가 429번인데 내 인기가 아주 좋았다. 나는 남에게 주기를 좋아했다.

내게는 사촌 막내 동생이 있었다. 전북 곰소에서 생선 장사를 하는데 이 동생이 내가 출옥하면 갈 데가 없어서 방 한 칸을 마련하여 내가 나오기를 기다렸으나 전향을 안 한다고 다시 2년을 받아 살게 되고, 감호처분까지 받아 살게 되니 영치금 2,000원씩 몇 번 부쳐주어서 돌 밥만 먹어 어금니가 다 망가졌는데 많은 도움을 받았다. 몇 년 전에 암으로 죽었지만 잊을 수 없는 사촌 동생이다.

나는 징역 사는 동안 소포는 보리 미숫가루 두 번 받은 것이 전부이다. 영치금도 몇 번 받았으나 가족 면회 없는 동지만이 합해 전방하는 바람에 궁핍한 생활 환경에서 살았다. 그것도 매일 검방 검신하는 바람에 면회 오는 동지들의 원조도 받기 힘들었다. 원조를 받더라도 만일 제 때에 먹지 못하게 되면 검방에 걸려 주는 동지와 받은 사람도 징벌받게 되는 것이기 때문에 감시가 심할 때는 참고 견뎌야 하는 것이다.

러닝셔츠가 없어서 낡은 러닝셔츠 하나 구해서 입었는데 해어져서 걸레 조각을 붙여 꿰매고 또 꿰매다 보니 맨 나중에는 실밥만 남을 정도가 되었다. 이마저도 검신에서 이거 런닝이냐고 하면서 조작해서 입는다고 압수당하고 말았다. 이렇게 궁하게 사는 때도 있었다. 대전교도소 생활 실태이다.

지금 생각하면 이해가 가지 않을 수도 있을 것이다.

건강을 위한 투쟁

나는 비전향 옥살이 35년 9개월 동안 의무과를 모르고 살다시피 했다. 그러니까 비교적 건강하게 살았다는 것이다.

건강하게 살았다는 것이 적들의 처우와 비전향을 말살시키기 위한 압박과 탄압이 없었다는 것이 아니다. 물론 건강한 체질을 갖추었다는 것은 사실이다. 하지만 건강한 체질도 오랜 옥살이에는 버틸 수 없어 무너지는 동지들이 많이 있었다.

교도소생활은 건강해야 비전향 말살에 저항하는 투쟁 속에서도 승리할 수 있다. 건강치 못하면 적들의 탄압을 피하는 데에 어려움을 겪을 수밖에 없다. 물론 비전향 문제는 전적으로 자신의 의지적 결심 문제이지 다른 요인을 말할 수 있는 것이 아니다.

그렇기에 건강해야 한다.

나는 천재지변이 일어나지 않는 한 절대 죽지 않고 살아 나간다는 의지적 결심을 굳게 하고 건강관리에 철저히 해왔다. 뒷벽에 얼어붙은 눈을 손으로 긁어도 한 주먹씩 흰 눈이 손안에 들어오는 강추위에도 새벽 냉수마찰은 계속하였으며 감방 안에서도 자아 굴신운동을 지속적으로 했다.

운동 나가서 뛰는 사람은 몇 사람 되지 않았다. 감방에서 하는 굴신운동은 시시각각으로 간수들의 감시를 피해야만 한다. 때로는 들킬 때도 있으나 그래도 양심 있는 간수는 그냥 보고 지나간다. 평소 생활에서 근무하는 간수들과 이야기를 많이 하는 쪽이라 웬만한 것이면 모른 척한다. 하기야 여러 간수를 겪었으므로 간수들 개개인의 성향을 이해하기 위해 나름대로 노력했다. 그러므로 어떤 일이 생겨도 챙겨주는 간수도 있는 것이다. 예를 들면 64년 3.9 투쟁 당시 사방 전체가 3일째 단식하고 있을 때였다. 간수들이 총동원되어 강제급식을 시켰다. 계획과 취조실로 불려나가는데 아는 간수가 이리 가면 안 되고, 저리 가라는 안내를 받았는데 그리 가니 많이 안 맞았다. 많이 두들겨 맞지는 않았지만, 비인간적인 강제급식이 없던 것은 아니다. 그때 '오몽댕이'라고 하는 부장 간수에게 걸리면 골병이 드는데 이자를 피했다는 것이다. 대전교도소 생활에서 유명한 오몽댕이에게 걸려 당한 동지 중 골병이 안 든 이가 별로 없다.

3.9 투쟁 때 끝까지 혼자 남아 생똥 쌀 때까지 두들겨 맞고 병사에 입원 치료까지 한 김태수 동지를 잊을 수 없다.

이렇게 잘 싸운 동지는 만기가 되어 살아 나갔다. 비전향을 이유로 세기의 악법인 사회안전법에 의한 보안감호처분을 받아 청주보안감호소에서 한방에 있기도 했으나 사회안전법 폐지로 청주보안감호소가 없어지는 바람에 출옥하여 전북 익산에 살다가 결국 자살로써 세상을 떠난 것은 참으로 안타깝게 생각한다.

나는 가족 친척들이 영치금을 부쳐주면 진짜 보고 싶은 책은 불허하기 때문에 한방요법 책을 구입하여 침구술에 대한 해부와 혈 자리를 찾아 외우는 공부를 열심히 했다.

그 침으로 자기 혈관을 찾아 스스로 놓을 줄 알아야 남을 놓을 수도 있는 것이다. 이렇게 되면 자신이 아플 때는 스스로 침을 놓고 뜸도 뜨기 때문에 아픈데 없이 건강하게 사는 것이다.

청주보안감호소에 있을 때 아프면 스스로 침을 놓으면서 아는 간수도 운동에서 발목이 삐었다고 하면 놓아주기도 했다. 침구 놓을 줄 안다고 아는 간수들은 다 알고 있었다.

그런데 어쩌다가 척주 결핵이 생겼다. 의무과에 입원하여 치료받는 것이 정상이나, 전향하지 않는 한 입원시켜주지 않기 때문에 감방에서 누워서 치료한다고 했다. 그리고 왼쪽 눈이 재산 투쟁할 때인 1951년 여름에 유치내산에서 적들의 포위 공격에 가시넝쿨 숲을 빠져나가다 왼쪽 눈을 찔려 약 한 달간 눈을 뜨지 못했다. 오랜 세월이 흐르다 보니까 백내장으로 화하여 수술하지 않으면 실명될 위험이 있다 해서 수술해야 하겠는데 어찌할 도리가 없었다. 그래서 과장이나 소장 면회를 통해 싸울 수밖에 없었다. 이때가 1988년도다.

청주보안감호소에서 비전향자로서 제1차로 출옥한 동지가 서준식 동지였다. 단식 40일 만에 출옥시켰던 것이다.

정치권에서는 여소야대였다.

청주보안감호소 개설된 후 폐지될 때까지 간판을 달지 못한 채 사회안전법이 폐지되는 분위기였다.

서 동지의 출옥 후 한겨레신문에 청주보안감호소에 수감된 감호자 명단을 발표했다. 이 명단을 보고 '김영승' 이름이 적힌 것을 보고 깜짝 놀란 분이 있었다.

다름 아닌 재산시 지리산 의무과장을 했고, 미제의 세균전 감염을 최초로 재귀열 병이라는 것을 발견하였던 리영원 동지이다. 51년 제1차 동기 공세 때 보위병 임무를 수행했던 두 동지가 있었음에도 보위병 두 동지는 다 전사하고 전북도당 위원장인 방준표 동지는 중상당했는데 치료할 의사가 없는 처지에 놓였다. 이때 전남도당 위원장이던 박영발 위원장 동지의 지시에 의해 리영원 동지가 파견되어 치료함으로써 방준표 동지가 다시 건강을 회복하는 데 결정적 계기가 되었다.

마지막에 백운산에서 우리 전남부대 강사로 있다 비트에서 윤애덕 간호원과 보위병은 살아 나오고 염형기 도당부위원장 동지는 자결했다. 리영원 동지도 자결을 시도했는데 죽지 않고 적들이 쏜 총탄에 맞아 중상을 입고 남원 이동외과병원에 입원했다. 이곳에서 병원 부원장인 대학 동창을 만나 구사일생으로 살아 출옥해서 살다가 전처의 아들이 서울대학교 지금은 명예교수이지만 당시는 유명한 의사였기에 수차의 수술을 받았으나 끝내 돌아가셨다. 그의 아내가 윤애덕 간호장교였다. 윤애덕 님도 2022년에 돌아가셔 리영원 동지와 같이 묻혀 있다.

리영원 동지와 윤애덕 동지는 재산시 잘 알기 때문에 항상 동생처럼 사랑도 많이 받았다. 그런 동지적인 관계에 인연을 맺고 투쟁한 동지들이기 때문에 내가 죽은 줄 알고 있다가 살아있다는 기사를 읽고 나를 찾기 시작했다. 교도소에서 나와서 병원을 했기 때문에 재력도 있었다. 1989년부터는 영치금도 다달이 부쳐주고 해서 많은 혜택을 보고 있는데 내 백내장 수술비가 백만 원이 드는데 소장과 싸워서 당국에서 50만 원을 부담하고 나머지는 본인 부담으로 해서 백내장 수술을 했다. 지금도 고맙게 생각한다. 현재는 오른쪽 눈까지 수술했으나 그때 수술한 눈은 잘 보이지 않고 있다.

이때 내 조카가 형제인데 막내 조카가 수술비 50만 원을 부쳐주기도 했다. 당시 사회적 분위기가 좋고 나가게 될 분위기 때문에 살아 있는 친척들도 있는 성의를 표하고 있었다. 윤애덕 누나는 출옥할 때 자기 집으로 와서 살라고 했다.

막상 출옥할 때 갈 곳이 없어 윤애덕 누나 집으로 정했다. 그런데 이 소식을 듣고 작은누나가 그리할 수 없다며 서울 신사동 누나 집으로 최종 결정했다. 출옥해서도 윤애덕 누나 부부 덕을 크게 봤다.

이렇게 누구 못지않게 건강한 모습으로 비전향 출옥하게 된 것은 오로지 자신의 의지적 결심과 동지들의 성원과 가족 친지들의 보살핌 덕분이다. 그들에게 힘입어 적들의 압박과 탄압을 물리치고 건강한 모습으로 출옥하여 이제 비로소 고난의 교도소 투쟁을 회고하여 기록으로 남기는 것이다.

제2장

비전향자의 출옥 후 투쟁

비전향 장기수 출옥 환영대회

1989년 11월 20일 종로 기독회관에서 출옥한 동지들을 민가협을 비롯한 시민단체들이 환영대회를 베풀어 주었다. 필자는 당시 영등포 엘리베이터 부품공장에 근무하고 있을 때이다.

당시 사회안전법이 '인권 말살법'이라는 국내와 국제여론에 빗발치고 있었다. 그리하여 사회안전법이 더 이상 지속을 못 하고 폐지되고 말았다.

당시 정계는 여소야대 정국이었다. 사회안전법이 폐지되었지만, 보안관찰법이 대체입법으로 통과 되어 출옥 후 지금까지 보안관찰 적용을 받고 있다. 그렇기에 작은 교도소에서 큰 교도소로 출옥한 기분이다.

인권 말살법인 사회안전법에 의하여 전국에서 157명이 감호되어 14명이 희생되고 52명이 비전향자로 출옥했다. 나머지는 할 수 없이 전향했다.

1988년에 환자로서 다 죽게 된 동지부터 하나둘씩 출옥시키고

1989년 폐지될 때 9월 5일부터 10월 15일까지 한 번에 출옥시키지 않고 한 동지씩 출옥시켰다. 받아줄 가족 친척이 있는 사람부터 출옥시켰다. 필자는 9월 5일 맨 처음에 출옥했다.

그리하여 서울의 작은 누님집 식구들과 살아 있는 여동생들과 조카들이 와서 35년 6개월 만에 세상의 빛을 받아 안기게 되었다.

살아 출옥했지만 자기 양심과 사상을 고수하다 자결한 동지나, 병나서 희생된 동지나, 맞아 죽고 굶어 죽고 얼어 죽은 동지들을 생각할 때 여간 마음이 편치 않았다. 교도소에서 희생된 동지들 생각뿐 출옥에 대한 기쁨보다는 여러모로 무감각했다.

출옥하면서 교도소에서 조국과 인민을 위해 희생된 동지들을 어떻게 기록으로 남길 것인가를 제일 첫째로 생각했다.

출옥해 보니 공안은 매일 꽁무니를 따라다니는 것 같았다. 건강한 모습으로 출옥했기 때문에 바로 직장을 갖게 되었다. 일찍 출옥한 임방규 동지 소개로 영등포 엘리베이터 부품공장에 들어갈 수 있었다.

기독교 회관에서 환영대회를 한다는 연락을 받고 갈 준비를 하고 있는데 서대문경찰서 사찰계 형사가 와서 가지 말고 일이나 열심히 하라고 한다. 필자는 교도소에 있을 때 도움을 많이 받은 은혜에 보답하기 위해서라도 가야 한다. 그리고 정치행사도 아닌데, 왜 못 가게 하느냐고 따졌다. 그러나 나의 담당 형사는 공장 사장에게 못 가게 하라고 압력을 넣었다. 사장은 가지 말고 일이나 열심히 하라고 한다.

그러나 왜 정치행사가 아니고 순 인권적 차원에서 고생 많이 했다고 환영하는 행사인데 못 가게 하느냐고 따졌다. 그러나 가게 되면 이 공장에는 있을 수 없다고 하기에 마음대로 하라고 쏘아붙였다.

하도 필자가 꺾이지 않자 담당 형사는 서대문 경찰서장의 계고장을 갖다 밀며 못 가게 압박한다. 필자는 굴복하지 않고 갈 태세를 보이자 그러면 자기 차로 가 보자고 한다. 같이 가면 좋다고 했다.

어둠이 진 날씨에 형사 차량에 탔다. 당시 나는 서울 지리를 잘 모르기 때문에 어디가 어딘지를 잘 모르나 이 형사는 참가할 시간을 지연시키기 위해서 한강 다리를 몇 번 왔다 갔다 하는 것 같았다.

나중에는 배가 고파서인지 식당에 들어가서 저녁밥을 들고 가자 해서 모식당에 내려서 저녁을 먹는데 소주 한 병을 시키더니 한 잔 따라주며 마시라고 했다. 시간을 지연시키는 줄을 알았기 때문에 밥도 소주도 일절 거부했다.

형사는 소주 한 병을 다 마시고 담배를 한 대 피우더니 가자고 했다. 이때 술을 든 자에게 생명을 맡길 수 없으니 여기서 하안동 조카 집으로 택시 타고 가겠다고 하니까 술을 들었으니 할 말을 잃고 그러면 택시 타고 하안동 조카 집으로 가라고 한다. 그래서 캄캄한 어두운 밤길에 도로로 나와 택시를 잡아타고 기독교회관에 갔다. 가서 보니 기억에 남는 것은 민가협 초대회장 임기란 어머님과 백기완 선생, 그리고 권오헌 선생밖에 기억나지 않는다

출옥한 우리 동지들은 전국에 50여 명 되는데 알고 보니 담당 형사들이 차에 태우고 어떤 공원이나 놀러 간다고 해서 참가하지 못한 것

이었다.

　일찍 나온 최남규 선생, 한백렬 선생, 서준식 선생과 강종근 선생 그리고 사회안전법 폐지로 나온 권낙기 선생, 임방규 선생 그리고 필자뿐이었다. 환영대회에서 모두 한마디씩을 했다. 사실 80년대 전까지는 15척 담 안에서 밥이 끓는지 죽이 끓는지 참으로 암흑의 세상이었다. 80년대 말부터는 민가협 어머님들을 비롯한 인권 단체들이 교도소 안 우리 동지들을 면회한 후부터는 교도소 안 사정이 외부에 알려지면서 언론에 보도되기도 했다.

　환영대회를 마치고 저녁밥을 들고서 신사동 누님 집으로 오는데 응암오거리에서 형사들이 틀림없이 한강에서 택시 타고 기독교 행사장에 갔을 것으로 생각하고, 뒤따라와서 기독교회관에서 환영대회를 지켜보고 있다가 신사동 누나 집으로 가는 길목인 응암오거리에 못 박고 있다가 연행해 서대문경찰서에 유치되었다.

　가서 보니 임방규 선생도 연행되어 와 있는 것을 보았다.

　경찰서에서 하룻밤을 새우면서 조사를 받았다. 이튿날 신사동 누나가 와서 보증 서고 누나 집으로 갔다.

　그 후 거의 1년 가까이 되었을 때 기소유예 처분을 한다는 통지를 받았다. 당시 초창기여서 보안관찰처분을 받는 사람이 관찰법 위반으로 기소 된 동지들이 없었다.

　사람이란 한번 결심하면 어떠한 난관이 조성되더라도 끝까지 해내고 마는 의지적 결단을 실천의 결과물로 내놓아야 한다는 것을 지금까지 지켜오고 있다.

　참고로 세계 기네스북에 올린 비전향 장기수 김선명 선생이 출옥 후 낙성대 만남의집에 계실 때 환영대회를 못하게 경찰이 낙성대 집을 에워싸고 접근을 불허했다. 그 후 고려대에서 환영대회를 하려고 준비했는데 경찰들이 학교를 에워싸고 접근을 막았다. 그래서 외국어대학에서 조촐하게 환영대회를 가졌다.

　당시는 사회적 분위기가 매우 험악해서 출옥한 우리 동지들에 대한 감시가 매우 심했다. 김종필이 국무총리였는데 미국 가서 자기 상전들에게 '공산주의자들이 출옥해서 거리를 활보하는 꼴을 어떻게 볼 것인가' 하고 말했다는 소리를 듣기도 했다.

그물망처럼 묶어놓고 있는 보안관찰법

만기로 출옥했어도 보호관찰법 같은 악법으로 묶어놓아 옴짝달싹 못 하고 있다.

악법인 보안관찰법도 인권 말살의 근원인 사회안전법과 같이 비전향 여부를 기본핵심으로 하고 있다. 사회안전법에 따른 보안감호처분은 전향 여부를 하고 있어 1975년 이 법이 제정되어 전국의 비전향 장기수들을 단 한 번에 잡아들여서 청주보안감호소에 수감하고 무지막지한 고문·구타를 저질렀다. 비록 사회안전법 폐지로 비전향 장기수들이 석방되었으나 보안관찰법을 통해 여전히 묶어놓고 있다.

월남에서 미제가 패전함과 동시에 괴뢰 월남이 패망해 베트남이 통일되자 박정희 군사 파쇼 독재자는 조선이 남침하게 되면 비전향 장기수들이 일시에 동원된다는 구실로 1975년에 사회안전법을 제정하였다. 사회안전법을 이용하여 전국에 흩어져 살고 있는 비전향 장기수들을 일시에 잡아들여 청주보안감호소에 보안감호처분 시켜 가두었다.

그리하여 전향하지 않는 한 만기 전에 감호처분 시켜 만기일 후에도 청주보안감호소에 구금시키고 전향을 강요했다.

1975년 6월에서 1976년까지 비전향 장기수 157명을 감금시키고 1989년 폐지될 때까지 14명이 희생되고 52명이 비전향으로 출옥하게 되었다.

현재 비전향 장기수 동지들은 10여 명이 생존하고 있으나 모두 90대에 다다라 건강이 매우 어려운 상태에 놓여 있다.

보안관찰법은 법무부에 심의위원회가 있어 2년마다 심사하나 형식적이고 전향하지 않는 한 계속 2년씩 갱신시켜 무기 아닌 무기와 같아 작은 교도소에서 큰 교도소로 나온 것과 다름없다.

이것도 재판에 의한 것이 아니라 행정 처분에 의한 것이며 전향 여부가 기본 핵심으로 되어 있다. 그러므로 비전향 장기수들은 활동 능력이 있는 한 절대로 보안관찰처분을 면제받을 수 없다.

비전향 장기수들은 건강이 악화되어 요양원이나 문밖 출입을 못 하게 되면 소위 면제란 선심을 받게 된다.

필자는 아직도 전국을 누빌 수 있을 정도로 건강하기에 만악의 근원인 국가보안법이 폐지되어야만 보안관찰법 폐지를 논할 수 있을 것이다.

현재 국가보안법에 가려 보안관찰법이 있는지조차 모르는 대중들이 많다. 이 시대에 보안관찰법이 있는가 하고 의문을 제기하고 있는 대중들도 많다.

하기야 14년 동안 청주보안감호소가 있어도 간판조차 달지 않고 있었으니, 청주보안감호소가 있는지조차 모르는 사람들이 거의 대다수였을 것이다.

필자는 1989년 석방된 후 환영대회에 참가했다 해서 보안관찰법을 위반으로 연행되어 조사받고 1년 후에 기소유예 처분을 받았다.

보안관찰법 위반으로 입건된 첫 번째 사례였다. 지금 같으면 문젯거리가 될 것도 없지만 당시에는 매일 감시가 떨어지지 않고 있었다.

1991년 10월 6일에 뒤늦게 결혼하면서 뒤풀이 장소를 알리는 벽보를 붙였으나 못 찾아오게 이마저도 떼어버리는 일이 있었다.

필자는 2000년도에 유럽 브뤼셀에서 조선에 대한 인권법이 상정되어 이를 파탄시키기 위하여 한상렬 통일연대 위원장을 중심으로 한 80명과 함께 갔었다. 그때 김포공항에서 비행기를 타기 위해 기다리고 있는데 뉴라이트 족속들이 찾아와 '김정일' 어쩌고 하는 육두문자를 쓰며 난리를 쳤다.

갔다 와서 뉴라이트 족속들을 규탄하는 글을 써서 페이스북에 올렸는데 이를 보고 어떤 사람인가를 알아보고, 소년 빨치산 출신임을 알고 공안에 고발했다. 그리하여 불려 나가 조사를 받았으나 구속은 되지 않고 집행유예를 받고 자격정지를 받은 사실이 있는데 내용은 "김일성 주석을 수령님"이라 했고 "김정일 국방위원장을 장군님"이라 하고 맥아더 동상을 파괴해야 한다는 것에 고무찬양죄를 적용했던 것이다. 그리고 경찰에 신고하지 않고 해외에 나갔다는 것을 보안관찰법 위반이라 해서 국가보안법과 보안관찰법 위반을 병합시켜 집행유예를 받게 된 것이다.

그 후에는 2012년도에는 범민련 노수희 동지가 장군님의 100일 탈상을 맞아 조선에 올라갔다가 판문점을 통해 내려왔는데 징역 4년을 살고 출옥했다. 그때 나는 경기경찰청 보안대에 압수수색을 당했다.

압수수색영장을 보니 ① 노수희 동지 북상한 것과 관련된 자료가 없는가이고 ② 당시 왕재산 사건에 관련 자료가 없는가이고 ③ 필자가 전국을 돌고 하니 어떤 지하 조직의 자료가 없는가였다. 그때 심지어는 식당에서 인천 젊은 친구와 식사하는 것도 사진 찍은 것이 조서에 남아있다. 늘 나의 꽁무니 따라다니며 감시했다는 징표이다.

그때 300여 점을 압수해 갔지만 대법까지 가서 집행유예와 자격정지를 받았다. 압수물 중 『세기와 더불어』와 〈범민련 소식지〉, 〈팸플릿〉은 압수당하고 나머지는 다 찾았다. 그리고 2012년부터 2017년까지 필자의 이메일, 통장, 전화와 핸드폰 등 각종 인터넷을 압수수색을 당한 것을 2018년도에 통보해 주어 알게 되었다. 이만큼 감시가 심했다는 것이다. 지금도 몰래 감시할 것이라는 것을 잘 알고 있다.

그런데도 필자는 할 테면 맘대로 하라 하고 내 건강이 허락하고 있는 한 내 할 일은 죽을 때까지 한다는 신념에 변함없이 하고 있다.

출옥 후 직장은 몇 번이나 옮겨 다녔는가

1989년 9월 5일 사회안전법 폐지로 비전향 출옥 후 바로 10월에 청량리에 있는 세차장에 취업했다. 나의 조카사위가 베어링 공장을 하고 있었는데 지인을 통해 쉽게 취직할 수 있었다.

그런데 당시 세차장 사장은 이북 출신이었는데 부려 먹기만 하고 먹는 문제와 복지 문제는 전혀 신경을 쓰지 않고 있었다. 그렇다고 누구 하나 말하는 사람이 없었다.

나는 하루도 쉬지 않고 자동차 50여 대나 닦았다. 그렇다 보니 겉보기에는 건강하게 보이지만 배가 고파서 견딜 수가 없었다. 직원들에게 물으니 우리는 괜찮은데 아저씨는 배가 그리 고프냐고 한다. 그렇다고 나의 신분을 말도 할 수 없는 처지였다.

직원은 여자 한 명, 남자 네 명이었다. 남자는 모두 20대였다. 다른 직원들은 담배 피울 시간을 갖는데 나는 담배도 피지 않기 때문에 그냥 차 닦는 일만 열심히 하고 있었다.

하도 배가 고파 사장에게 말을 했더니 그리 배가 고프면 라면이나 먹으라고 한다. 그런데 정작 라면 먹는 시간도 주지 않았다.

처음 들어가 일하는데 다른 직원들은 차 거죽만 닦고 나보고는 차 안을 청소하고 닦으라고 한다. 매일 차 실내를 청소하고 닦다 보니 가래침이 새까맣게 나오고, 공기가 그리 좋지 않았다. 그래도 군말 없이 했다.

조카사위는 얼마간 참고 견디면 사장을 시켜 줄 터이니 그리 알고 일하라고 한다. 그러나 나는 그리할 수는 없었다.

이북 출신 사장은 잔소리가 심하고 마치 노예처럼 대하고 일을 시키는데 그대로 받아들일 수 없었다. 이곳 아니면 밥벌이할 수 없을까 생각하고 잘해 처먹으라 하고 직장에서 뛰쳐나왔다. 모든 직원이 아쉬워했다.

나는 교도소에서 침구 공부를 해서 침놓을 줄도 알지만, 그 계통에서 일하려 하지 않고 몸으로 때우는 직장을 선택했다. 그리하여 두 번째는 임방규 동지의 소개로 영등포에 있는 엘리베이터 부품공장의 과장으로 취직했다. 직원은 오륙 명이다. 취직해 보니 나는 사장과 같이 밥상에서 밥을 먹는데, 직원들은 밥상으로 쓸 테이블도 없이 땅바닥에 앉아서 먹는다.

이런 꼴을 차마 볼 수 없었다. 사장에게 밥상 테이블이라도 하나 만들어 주어야 한다고 말했으나 시큰둥하고 만다. 직원들에게는 사장에게 요구하라고 자꾸 이야기했다.

전에는 직원들이 아무 말 않더니 내가 들어온 후는 이것저것 요구조건이 많아졌다고 한다.

나는 장부 정리만 하면 되는데 한가한 시간이 많아서 노는 것보다 작업장에 나가 한가지 기술이라도 배우기 위해서 직원들과 같이 일하기도 했다. 직원들이 좋아했다. 과장 급여는 27만 원이다. 직원 급여에 비하면 말이 아니었다. 사장은 나의 이력을 좀 알고 있었는데, 직급은 과장 대우를 해주었는데 급여는 직원에 비해도 형편없이 적었다.

과장이라고 밥도 테이블 위에 올려놓고 의자도 자기가 만들어서 앉아 먹으니 노예가 아닌 인간다운 측면이 있어 보기도 좋았다. 그런 중에 1989년 11월 1일 종로 기독회관에서 개최된 '장기수 환영 사건'으로 자동 해고되었다. 그 후 나의 큰조카가 영등포에서 기계공장을 차렸는데 거기서 3부 5부 구멍을 뚫는데 지금 같으면 자동기계로 뚫지만 90년대는 중소기업에서는 사람의 힘으로 뚫었다. 겨울에도 땀이 억수처럼 흘러가고 있었다. 도저히 힘에 부쳐 일을 할 수 없어 그만두었다. 다음에 청량리역 롯데백화점에 용역업체의 일원이 되어 경비로 들어가 격일제로 일을 하다가 여의도에 증권회사가 새로 생겨 반장을 비롯한 세 명이 들어가게 되었다. 그때 내가 글씨도 잘 쓰고 장부 정리도 잘하기 때문에 반장이 지명하여 함께 가게 되었다.

증권회사는 노조가 있는데 당시 부산병원에 입원해 있던 이인모 선생이 조선으로 송환될 때 이종, 김용규, 최남규, 한창우, 필자와 함께 병원에서 만나 인사하고 봉고차에 실려갈 때 사진 찍은 것이 한겨레

북한 귀환을 하루 앞둔 이인모 선생과 동료 비전향 장기수들. 한겨레신문

에 보도됨으로 인하여 내 정체가 폭로되었다. 덕분에 증권회사 노조도 알게 되어 가깝게 지내게 되었다. 차츰 회사 직원들이 거의 알게 되어 회사의 소위 간부들도 알게 되었다. 경비하는데 부당한 처우에 대해서 말하게 되면 '다른 경비는 다 말 안 하는데 너만 말하냐?'고 듣기도 했다. 이때부터 감시가 심해지는 것을 느끼게 되었다.

어느 날 회사 총무과장이 용역업체에 말하니 결국 대기 발령을 내려서 나오게 되었다. 그 후 여의도빌딩 경비로 근무하게 되었다. 경비 인원도 소개해 주면서 빌딩 경비반장을 알게 되어 들어가게 되었다.

들어가 주차장 근무를 하는데 운전하고 싶은 생각이 꿀 같았다. 그리하여 회사 간부들 차를 빼고 박고 하는데 잘하는 편이었다. 한번은 회사 감사 차량을 주차장 정문에서 후진하다가 정문 모서리에 들이받아 부서지게 되었다. 그 후부터는 일체 차량에 손을 못 대게 하였다. 그러던 중 출근 시간에 차를 놓고 가면 경비들이 홈에 넣고 하는데 내가 다시 차를 홈에 넣는 것을 감사가 상층에서 보고 나무랐다. 그 일로 인해 해고되었다. 집에 있으면서 자동차학원에 다니고 운전면허증을 땄다.

그 후 하안동에 아파트가 들어서 경비에 들어갔다. 아파트 주민들에게 신망을 얻어 격일제로 근무했는데 좋았다. 그런데 격일제 근무자가 이북 출신인데 너무 딱딱하게 대하여 아파트 주민들의 인심을 잃었다. 그러다 보니 관리사무소에서 알게 되었다. 나에게 모략이 제기되어 해고당했다.

그 후에는 운전면허증도 있고 해서 논현동 주차장 근무에 들어가게 되었다. 역시 격일제인데 돌아가신 왕영안 선생이 하고 있어 둘이 격일제로 근무했다.

그 후 신념의 고향으로 올라가서 작고한 조창손 동지가 근무하다 못하게 되어 김해섭 선생이 근무 중 급발진 사고를 일으켰는데 사장은 나보고 나무랐다. 그때도 급발진 사고가 가끔 있었는데 인정하지 않는 때였다.

사장은 그만두라고까지 막말을 쏟아냈다. 참고 견디다가 결국에 그만두게 되었다.

그 후에 〈말〉 지사 독자사업부에 들어가 일하게 되었다. 신념의 고향으로 올라간 이경구 동지가 하던 사업을 인수하여 일하다가 여러 파동을 겪더니 〈말〉 지사는 폐간되고 지금은 〈민중의 소리〉만 남아 활동하고 있다. 말지에 있다가 민족21에 가서 독자 사업하게 되어 그만두게 되었다. 민족21은 이명박 때 5.24 조치로 금강산 통로가 막히더니 간첩 조작으로 결국 폐간되고 말았다.

지금은 초등학교 앞 횡단보도 지킴이를 하고 있다. 4년 되었다. 월 10회 일하는데 7시~9시까지 하고 27만 원을 받는다. 그리고 운전면허증은 반납했다. 면허증만 가지고 있지 운전이 생활수단과 연결이 되어야 할 수 있기 때문이다.

출옥한 지 30여 년 되고 있는데 직장다운 직장은 한 번도 다녀보지 못하고 말년이 되고 있다. 나름대로 많은 것을 경험하고 많은 것을 배웠다. 내 나이에 직장은 조국과 민족을 위한 투쟁의 일환이지 전부는 아니었다.

2020년 미군 철수 원년 선포식

경자년 새해 첫날 11시에는 광화문 미 대사관 앞에서, 오후 4시에는 평택 미군기지 정문 앞에서 미군 철수 원년 선포식을 했다.

이 선포식에는 민중민주당(대표 한명희) 당원들과 반미자주화 투쟁에 몸담은 통일운동 원로 선생들과 선후배 일꾼들이 함께했다.

눈발 치는 엄동설한인데도 새해 첫날에도 쉬지 않고 광화문광장에 나와 민족 분단의 원흉, 분단 적폐 중의 적폐인 미군이 이 땅을 75년째 점령하면서 갖가지 만행을 저지르고 있음을 규탄했다.

미국은 조미 싱가폴 정상회담에서 합의한 사항을 지키지 않고 긴장만을 조성하여 시간 끌기 지연작전으로 핵전쟁의 위험과 공포 속에 떨게 하고 있다.

이는 소위 동맹국이라고 일컫는 대한민국의 문재인 정권을 봉으로, 식민지 하수인으로 여기고 자행하는 내정간섭이 도를 넘고 있다.

따라서 남북 관계는 양 정상이 4.27, 9.19 공동성명에서 합의한 사안들을 이행하지 못하게 소위 '워킹 그룹'을 만들어 차단하고 있다.

그뿐만 아니라 방위비 분담금 50억 불의 강도 같은 압박만을 강요하면서 자국의 이익만을 추구하는 각종 무기 판매에 열을 올리고 있다고 참가자들은 한결같이 규탄하면서 미군 철수를 강력히 촉구했다.

한편 민중민주당 당원들은 1년 365일 하루도 거르지 않고 밤낮 광화문 미 대사관 앞과 평택 미군기지 앞에서 평화협정 체결, 내정간섭 중단, 미군 철수 등의 피켓을 들고 끈질기게 농성을 이어오고 있는 상황 속에서 경자년 새해를 맞이하고 있다.

오로지 미군 철수 없는 민족 자주통일도 없다는 굳은 신념을 간직하고 미군이 이 땅을 떠날 때까지 반미자주화 투쟁을 계속하겠다는 의지를 불사르고 있다.

우리 반미자주화 투쟁에 모두 함께하기를 바라면서 결의문을 낭독하고 평화협정 체결, 내정간섭 중단, 조미 정상 합의안 이행 등의 구호를 외치면서 선포식을 마무리하고 서산에 걸터앉은 해를 바라보며 상경길에 올랐다.

미 대사관 앞에서 1인 시위

2021년 1월 7일 오늘, 광화문광장 미 대사관 앞에서 국제평화행동 주체하에 1인 시위를 진행했다.

그 내용은 대북 제재 해제, 한미 워킹 그룹 해체, 평화협정 체결, 한미 핵전쟁 연습 반대, 한미 수직 동맹 해체 등이었다.

한 달에 한 번씩 하는데 오늘따라 간밤에 눈이 많이 내렸다. 올해 들어 최고 강추위인 것 같았다. 안경알에 서린 김이 얼어붙을 정도였는데, 바람까지 겹쳐 발가락이 제일 시렸다.

광화문광장은 전경들이 쌓인 눈을 다 치운 상태다. 광장에 있는 사람들은 1인 시위를 하고 있는 필자와 국제평화행동 그리고 민중민주당 당원 동지들뿐이다. 조선일보 앞에도 '조중동을 폐간하라'는 피켓을 들고 농성하고 있는 분들뿐이다.

미제가 75년 동안 둥지를 틀고 있는 것은 조선을 제패하지 않고는 세계 제패를 위한 교두보로 만들 수 없기에 대북 적대 정책 속에 갖가지 수단 방법을 총동원하여 야수적인 만행을 자행하고 있다.

역대 정권들은 미제를 상전으로 모시고 신격화까지 하며 그들 앞에서는 무릎 위에 강아지처럼 아양만 떨어왔다. 그러니 그들의 맘대로 자행하는 것이다.

촛불 정권이라고 입버릇처럼 뇌까리고 있는 문재인 정권도 다르지 않다. 나아가서는 한술 더 뜨고 있다. 그러기 때문에 그렇게도 흥분시켰던 남북 정상회담 합의사항을 헌신짝처럼 내팽개치고 있다. 그리하여 조미 관계는 물론 남북 관계까지 전쟁 일보직전까지 치닫고 있다.

2021년 새해를 맞이했다. 문재인 정권은 미 대통령 선거 결과와 관계없이 진정으로 파탄된 남북 관계를 복원할 의지가 있다면 이런 호기회를 놓치지 말아야 한다. 하지만 문재인 정권은 자주적 입장에서 풀려는 의지는 보이지 않고 오히려 미제의 눈치만 보고 조선에서 손 내밀기만을 기다리고 있는 것 같다. 아니 오히려 한판 대결을 벌일 태세로 국방비 30조 증액 등 무력 강화에만 열을 올리고 있다.

이러한 상황 속에서 조선의 제8차 중앙총회에서 어떤 결정이 채택될 것인가에 모든 관심이 집중되고 있다.

따라서 미국의 선거에서 누가 당선되든 조선에 대한 적대 정책은 변함이 없다는 것을 분명히 하고 우리 모두는 민족대단결 투쟁에 심혈을 기울이고 세기의 악법인 국가보안법 폐지와 반미자주화 투쟁에 총력을 다하여 투쟁할 결의를 굳게굳게 다지는 것이다.

세기의 악법인 국가보안법 폐지 1인 시위

오늘 2021년 6월 30일 광화문 미 대사관 앞에서 "친일 친미 군사독재와 함께 국가보안법의 숨통을 끊어버리자"라는 구호를 외치며 11시부터 12시까지 일인시위를 했다.

오늘따라 날씨는 짙은 비구름 속에 바람 한 점 없어 런닝 속에서 땀이 날 정도였다. 그리고 매일 설치던 냉전 태극기부대 놈들도 자기 농성 위치에서 자리를 지키고 있어 발광하는 놈들은 없었다.

늘 옆에는 평통사 친구가 '소성리 사드 철거하고 사드 공사 중단하라'는 피켓을 들고 2시간 1인 시위를 하고 있으며, 오늘도 여전히 민중민주당 친구들은 밤이나 낮이나 가리지 않고 일 년 열두 달 하루도 빠짐없이 미군 철수와 북침 한미군사연습 영구 중단을 외치고 있다. 평택 미군기지 정문 앞에서도 마찬가지다.

미제의 점령통치도 국가보안법을 유일한 통치 수단으로 활용하고 있다는 것도 익히 알고 있다. 그간에 국가보안법의 칼날에 희생된 이들이 그 얼마나 많았던가. 그리고 국가보안법에 의해 세계 기네스북에 올라 있을 정도로 장장 15년을 교도소에 처넣었을 뿐 아니라 20년 이상 징역형을 살다가 비전향 테러에 맞아 죽고, 병들어 죽고, 얼어 죽고, 굶어 죽고, 자살해 죽은 사람이 그 얼마임을 회고할 때 소름이 끼칠 정도이며 바로 이것이 대한민국이란 교도소의 현주소다.

이 모두가 동족을 적으로 만들어버린 국가보안법의 칼날에 의한 실상이며 투옥의 역사인 것이다. 장장 75년의 미제 점령통치 속에 이제 민심을 저버릴 수 없어 어찌할 수 없이 국가보안법 폐지 목소리에 더 이상 거부할 수 없게 되었다. 하지만 저들은 국가보안법 폐지 요구를 모면해 보고자 폐지는 못해도 고무찬양죄만이라도 폐지하겠다고 목소리를 높인 의원이 있었지만 그 목소리도 잠잠해지고 있다. 열화같은 폐지 목소리가 담긴 10만 명의 서명까지 받아 제출했음에도 불구하고 침묵만을 거듭하고 있다. 미제 상전국에 갔다 온 국정원장이란 작자는 국정원이 간첩 잡는 국정원인데 어떻게 국가보안법을 폐지할 수 있느냐고 반대하고, 남북 관계 파탄에 의한 긴장 관계를 조성해 칼집에 넣어 보관해야 할 국가보안법의 칼날이 번뜩거리고 있는 현실이다.

국가보안법의 칼날을 무디게 하거나 아예 확 부러뜨려 버릴 수 있는 날이 그 언제인가.

정치권은 둘러볼 때 국민의힘을 비롯한 극보수 반동들은 과거 국가보안법의 칼날을 휘둘렀던 향수를 내년에 다시 찾아 맛볼 채비를 하고 있기에 전혀 기대를 걸 수 없고, 현 민주당 작자들은 자기 잘나서 국회의원 다수를 차지한 줄 알고, 과거에 국가보안법 칼날을 겪었던 때를 잊고, 정권을 장악하니 천년만년 누릴 줄로만 착각하고 있다. 요놈의 국가보안법을 자기 집권 다지는 데 사용하는 맛이 들어서인지 아예 철폐할 의향이 없다.

이렇게 놓고 볼 때 직접 대를 이어 국가보안법 칼날에 시달려온 우리 민족 자주민주 세력들은 이젠 더 이상 참고 기다릴 수 없다는 것은 분명하다. 그렇다면 지금까지 국가보안법 폐지를 위해 투쟁해 온 방법을 재고할 필요성이 있다.

첫째가 분산적인 투쟁에서 집중적인 투쟁으로 전환하는 방법과 동시에 민족자주와 민주를 사랑하는 사람들을 어떻게 한 결사체로 모아 수렴하느냐의 문제이다.

다음은 투쟁 수위 높이는 방법을 의논해 보는 것이고 강력한 구심력을 가진 결사체를 만들어서 과단성 있는 행동을 행사하는 것이다.

마지막으로 아직도 냉전적 사고나 우매한 대중들을 어떻게 이해 설득해 투쟁의 대열에 합류시킬 방법을 구체적으로 채택해 실천으로 구현시켜야 세기의 악법인 국가보안법 폐지라는 고지를 점령할 수 있다고 생각하는데 필자만의 생각일까이다.

참고하기 바란다.

끝으로 12시가 되니 빗방울이 들기 시작해 12시를 넘어서는 한바탕 소나기를 퍼붓고 있다.

어제 코로나 백신을 맞아 3일간 쉬라고 한 주의도 무릅쓰고 움직이는 데 조금 힘이 들기도 했으나 이상은 없는 것 같아 안심하는 바이다.

불능 처리된 비전향 장기수들 진상조사 재청구서

수신: 진실화해위원회 위원장

발신: 비전향 장기수 김영승

주소: 인천광역시 중구 신포로 35번길 **

이유

교도소에서 비전향말살책에 의해서 희생된 동료 75명의 진실을 밝혀 달라고 제1차 진실위에 제기했는데 12명만 확정 결정되고 10명은 신분증이 없다고 기각되었으며 53명이 불능 처리되었다는 통고를 받았다.

그리하여 제2차 진실위서 불능 처리된 53명을 재조사하여 주기를 바란다는 제의를 하는 것이다.

똑같은 환경조건 속에서 교도소마다 또는 한 사동 내에서도 탄압의 경중 차이는 있을 수 있으나 어느 한 사람도 탄압을 피해 갈 수 없었다는 것을 확인할 수 있기 때문이다.

12명 확정 통고를 받은 비전향 장기수들은 다음과 같다.

광주교도소에서

1) 김규호는 53세이고 76년 6월 28일 자살했다.

2) 변치수는 42세 위암으로 74년 9월 20일에 희생되었다.

3) 최한석은 62세이고 76년 5월 15일에 뇌종양으로 희생되었다.

4) 신춘복은 41세이고 74년 11월 22일 목매 자살했다.

대전교도소에서

5) 강동찬은 58세이고 96년 4월 18일 뇌졸중으로 희생되었다.

6) 조용순은 74세이고 89년 1월 21일 뇌출혈과 간경화로 희생되었다.

대구교도소에서

7) 김대석은 43세이고 71년 10월 4일인데 형기 4개월 남겨두고 자살했다.

전주교도소에서

8) 탁해섭은 45세이고 78년 10월 21일에 자살했다.

9) 권오금은 50세인데 72년 5월 13일에 뇌출혈로 희생되었다.

청주보안감호소에서

10) 공재용은 75년 12월 8일에 위암으로 희생되었다.

11) 공인두는 85년 3월 15일에 뇌증후군 고혈압으로 희생되었다.

12) 이상률은 87년 2월 17일에 뇌낭충증으로 희생되었다.

이상 12명은 확정 통보를 받고 이들 중 이상률, 김대석, 최한석 3명
만 유족들이 제기하여 사법부 판결에서 역사상 처음으로 비전향말살
책 속에서 국가의 불법한 공권력에 의해서 희생되었다는 것을 인정하
고 보상금도 받았다.

그러나 조선에 고향을 가진 사람은 소를 제기할 수 없고 남쪽에 고
향을 가진 사람도 유족이 다 죽어 소를 제기할 사람이 없을 뿐만 아니
라 유족이 있어도 그동안 너무 큰 피해를 봤기 때문에 잊어버리고 살
겠다며 제기하지 않았다. 공인두 씨는 죽을 당시 부인과 남동생이 살
아 있었다. 현재는 죽고 없다.

이렇게 사법부가 비전향말살책 속에 희생했다는 것을 인정했기 때
문에 불능 처리된 비전향 장기수들도 일반 재소자와 다른 특별사에서
똑같이 생활하며 경중의 차이는 있어도 불법한 공권력에 의해서 갖은
탄압을 받으며 살아온 비전향 장기수들인데 누구는 되고 누구는 인정
하지 않는 것은 있을 수 없는 것이다. 이는 숫자를 줄이기 위한 술책이
아닌가 의구심을 지울 수 없다.

그리고 제1차 진실위에 살아 출옥한 비전향 장기수 23명이 제1차

진실위에 제기하였다. 전원 확정 통고를 받고 민사소송을 제기하여 승소하여 청구한 보상금도 받았다. 이것은 세상이 다 아는 사실인데 제2차 진실위서 불능 처리된 53명을 재심사하여 달라고 제기한 것을 주저할 필요 없다.

불능 처리된 53명을 사법부 판결에서 인정된 사실이기 때문에 색깔론 부담 없이 이미 결정된 사법부 판단을 참고로 해서 재심사하여 올바른 결정을 내려 주기를 바라면서 교도소별로 열거한다면 다음과 같다.

전주교도소에서

윤석만. 63세 뇌출혈로 72년 2월 13일 사망했다.

조인국. 47세 72년 10월 30일에 위궤양성 출혈과 토혈로 사망했다.

김태선. 74세 74년 2월 13일에 뇌출혈로 희생되었다.

광주교도소에서

정순정. 69년 11월 28일 고혈압으로 쓰러져 희생되었다.

이양성. 70년 10월 21일 위암으로 사망하였다.

현명원. 65세 74년 5월 13일 뇌졸중으로 희생되었다.

이동근. 59세 75년 10월 19일 희생되었다.

장한영. 71세 78년 4월 24일에 고혈압 뇌출혈로 희생되었다.

이선우. 60세 86년 10월 12일에 폐암으로 희생되었다.

내구교도소에서

고봉율. 43세 71년 5월 20일에 동맥 절단하여 자살하였다.

윤종화. 40세 73년 7월 3일에 목을 매 자살했다.

정영훈. 65세 76년 6월 25일에 목을 매 자살했다.

김영호. 65세 73년 10월 27일 목을 매 자살했다.

송순남. 42세 68년 9월 21일에 고혈압 폐결핵으로 희생되었다.

하상혁. 68년 10월 10일에 고혈압 폐결핵으로 희생되었다.

황대연. 49세 71년 2월 24일에 간경변증으로 희생되었다.

한태갑. 72년 5월 3일에 고혈압 전간양간 발작으로 희생되었다.

이연송. 72년 6월 12일에 고혈압으로 희생되었다.

김태원. 60세 73년 12월 6일에 위암으로 희생되었다.

기세일. 59세 75년 4월 24일에 고혈압과 하복부 종창으로 희생되었다.

박정래. 61세 79년 3월 16일에 변증으로 희생되었다.

송순영. 50세 82년 26일에 위암으로 희생되었다.

노천도. 66세 83년 1월 16일에 위암으로 희생되었다.

신창길. 67세 83년 10월 29일에 장폐쇄증과 패혈증으로 희생되었다.

최한무. 68년 7월 22일에 장폐쇄증과 패혈증으로 희생되었다.

최종천. 69년에 장폐쇄증과 패혈증으로 희생되었었다.

대전교도소에서

박병일. 29세 64년 3월 9일 목을 매 자살하였다.

이용흥. 65세 85년 10월 24일에 목을 매 자살하였다.

황필구. 71세 85년 12월 5일에 목을 매 자살하였다.

이희복. 61세 64년 10월 24일에 고혈압 뇌출혈로 희생되었다.

임주홍. 65세 65년 5월 4일에 고혈압 뇌출혈로 희생되었다.

김경섭. 65년 10월 8일에 뇌출혈로 희생되었다

한현수. 60세 71년 3월 31일에 만성 대장염 위궤양으로 희생되었다.

배학수. 66세 74년 12월 21일에 위암으로 희생되었다.

안병화. 58세 77년 5월 5일에 간경변증으로 희생되었다.

권창수. 62세 79년 3월 2일에 간경화 식도 정맥류 파열로 희생되
        었다.

유재인. 44세 80년 2월 14일에 폐결핵으로 희생되었다.

김성윤. 80년에 사망했다. (신분장 미 입수)

최주백. 58세 위암으로 희생되었다. 광주교도소에서 테러를 같이 겪
        었다.

최재필. 74세 87년 5월 5일에 위암으로 희생되었다.

박창술. 65세 고혈압 심비대증으로 희생되었다.

최익현. 아산요양병원서 추락사했다. 90년대 대전 4사 특별사에 있
        을 때 내 옆방에서 서북청년단 출신인 배영준 교도관에게
        수없이 구타당했다.

청주보안감호소에서

김경익. 78년 1월 5일에 위암으로 희생되었다.

김용철. 76년 12월 4일에 간경화증 고혈압 복수증으로 희생되었다.

백갑기. 77년 비인두암으로 희생되었다.

김홍직. 78년 9월 13알에 위장병 고혈압 뇌졸중으로 희생되었다.

안준호. 78년 1월 23일에 뇌혈전증으로 희생되었다.

하야청. 76년 3월17일 목을 매 자결하였다. 이분은 일본인인데 2차 대전에서 소련군에게 포로가 되어서 살다가 석방되어 일본으로 가지 못하고 체포되어 수원교도소에서 살다가 전향하지 않는다고 감호되어 당시 청주보안감호소가 개설되기 전에 대전교도소 8사를 임시감호소로 쓰고 있을 때 억울함을 참지 못하여 목매 자결했다.

김규찬. 80년 12월 14일에 폐암 및 삼출성 늑막념으로 희생되었다.

문갑수. 85년 7월 9일에 위암으로 희생당하였다.

송순의. 79년 10월 26일에 간암으로 희생되었다.

이훈동. 79년 4월 20일에 고혈압 간경화증으로 희생당하였다.

최점수. 81년 4월 8일에 간경화증과 간암으로 희생당하였다.

이상 불능 처리된 비전향 장기수들을 열거하면서 차단된 특별사에서 역대 정권들의 반공 정책의 하나로 특별사라는 명칭을 붙이고 마음대로 비전향말살책을 썼다는 것을 인정한다면 차별을 둘 필요가 없을 것이다. 더구나 사법부까지도 인정한 사실을 거부할 명분이 없다고 생각한다. 이에 전적으로 참고하여 재결정을 내려야 한다.

그리고 전 국가인권위서 대전에서 최석기, 박융서. 대구에서 손윤규, 청주보안감호소에서 김용성 변형만 등 5명의 죽음이 전향제도를 폐지했다는 것은 민주화 운동과 관련이 있다고 결정하여 국가 보상심의 위원회에 제기했는데 당시 조중동이 어떻게 간첩이나 빨치산이 민주화 운동과 관련이 있는가 하고 대서특필하는 바람에 결국 기각되어 흐지부지 세월만 보내고 있다.

사람은 국가가 죽여 놓고 아무런 대책이 없는데 과연 이것이 나라인가 하는 것이다. 이 건도 대책을 내고 해결해 줘야 할 것이다.

2022년 12월 7일 비전향 장기수 김영승

범민련이 걸어온 30년은 조국통일의 횃불이었다

2020년 11월 21일 서울 대방역 근처 여성프라자에서 조국통일범민족연합 남측본부 결성 30주년 기념행사를 알차게 진행했다.

범민련 30주년 기념행사는 코로나 팬데믹 상황에서 방역 수칙에 따라 한 군데서 거행하지 않고 각 지방에 분산해서 진행했다.

조국통일범민족연합은 3자 연대체로서 민족대단결의 구심체이며 통일운동의 선봉대이다.

범민련 투쟁의 역사는 생사의 갈림길에 선 사선의 길이었다.

미제의 식민화에 길들여진 집권 세력들은 범민련의 씨를 말리겠다면서 두 차례에 걸쳐 지도부 성원들을 모조리 잡아 교도소에 처넣고 이제 범민련은 다시 소생할 수 없다고 희희낙락거리기도 했다.

그러나 범민련 전사들은 최후 한 사람이 남아도 범민련을 사수하겠다는 투철한 범민련 정신으로 무장되었기 때문에 범민련은 죽지 않고 살아남아 오늘날 당당하게 우뚝 섰다. 범민련의 성원들은 매우 자랑스럽게 여기고 있다.

공안당국은 범민련을 말살시키기 위해서 소위 이적단체란 꼬리표를 붙여 다종다양한 구실을 붙여 잡아넣고 똑같은 말과 행동을 해도 범민련 성원에게만 유죄를 때리고 있는 현실은 조금도 변하지 않고 있다. 이는 세기의 악법인 국가보안법이 춤을 추고 있기 때문이다.

이제 범민련이 조국통일 전선에 어떤 역할을 하고 있는가에 대해서는 아는 사람이 많지만, 아직도 범민련을 모르는 대중들이 많이 있다는 것도 잘 알고 있다.

대중들은 조국통일 운동에서 항상 정면 돌파 정신으로 투쟁하고 있는 범민련 성원들과 연대연합을 해야 한다고 인식하면서도 이적단체란 꼬리표 때문에 함께 투쟁하기를 꺼리는 사람도 있다는 것도 알고 있다.

범민련 전사들은 사랑도 청춘도 재산도 다 조국통일 전선에 바치고 막상 어느 시기에 교도소에 들어갈지 모른다는 것을 인지하면서도 이에 개의치 않고 오로지 한길인 반제 반미자주화 통일운동에만 한 생을 바치고 있다.

이번 30주년 기념행사를 통해 노동자, 농민, 빈민, 청년, 학생, 종교, 해외 등등의 각계각층의 단체와 인사들이 절대적인 지지와 성원을 보내 줌으로써 민족대단결의 힘을 과시하는 역사적인 30돌 기념행사임을 확인했다.

범민련 남측본부는 당당하게 대중들의 단결된 힘을 바탕으로 2021년 8.15 범민족 통일 촉진대회를 대중화하고 정상화하여 반미자주화 투쟁의 내전환기를 마련할 것과 동시에 8.15를 계기로 적절한 시기에 남북 해외 각 정당 단체와 각계각층의 인사들을 포함하는 연석회의를 제의하였다.

이를 통해 8천만 민족의 뜻을 하나로 모아 분단 적폐인 국가보안법 철폐와 이적단체 해소, 평화협정 체결, 한미 종속 동맹 파기, 미군 철거, 대북 적대 정책 폐기 등등의 문제들을 심도 있게 토의하여 민족대단결로 평화와 번영 통일의 획기적인 돌파구를 마련하는 데 있다.

범민련은 이번 결의를 통해 지금껏 싸워 왔던 것처럼 더욱 분발하여 이 땅에서 미제를 몰아내는 실천 투쟁을 통해 반드시 결과물을 내오겠다는 것을 대중들과 함께 다지고 또 다짐했다.

범민련 앞길에는 승리와 영광만이 있으라!

미제는 대북 적대정책 폐기하고 평화협정 체결하라

2022년 1월 15일 12시부터 13시까지 아메리카 NO 국제평화행동 주체 하에 광화문 미 대사관 앞에서 1인 시위를 진행했다.

그날따라 날씨는 기온이 뚝 떨어져 찬 바람이 세차게 불어서 좀 춥기는 했으나 그런대로 괜찮았다.

여전히 미제의 앞잡이 차량은 각종 냉전 구호를 달고 스피커를 이용해 큰 소리 내며 질주하는 것 외는 다른 시위는 보지 못했다.

미제 바이든 대통령은 신냉전 정책으로 졸개 4개국을 동원하여 중국을 포위하는 전략을 수립하기 위해서 호주에 무력을 총집중시키고 있다.

러시아는 우크라이나가 나토에 가입하려고 하기 때문에 무력 진격 작전이 완료된 상태다. 미제는 우크라이나를 지원하기 위해 나토와 협력하고 있다. 우크라이나 문제는 나토에 가입하지 않고 중립국이 된다면 몰라도 미제와 나토를 등에 업고 러시아와 분쟁만 한다면 전쟁은 불가피하다.

지금까지는 최후통첩만 보내고 있지만 그렇다고 아직 힘이 남아있는 미제가 굴복하지 않는 한 전쟁은 불가피하다고 생각한다.

조중러 삼각동맹은 과거와는 다르게 이해관계가 일치하기 때문에 이 삼국 중 어느 한 나라에서 전쟁이 일어난다고 가정하면 이 삼국은 미제의 심장을 송두리째 깨부숴 버릴 것이다.

조선은 지금까지 인내하면서 평화적 방법으로 해결하려고 노력했다. 조선은 비핵화 문제에 선제적 조치까지 했지만, 미제는 지금까지 아무런 조치도 안 했을 뿐 아니라 오히려 20여 개 제재를 더욱 강화하는 등 약속 위반만 하였다. 비핵화 문제는 이제 모두 물 건너갔기 때문에 비핵화 운운하지 않는 것이 좋다.

지금까지 인내하고 참을 때까지 참아 왔으나 이제는 더 이상 참을 수 없어 지금까지 쓰지 않았던 미제국주의란 말을 쓰게 되었으며, 강대강 선대선을 외교정책으로 천명했지만 현재 상태 속에서는 강대강만 존재할 뿐이다.

이 원칙에 의거 해 2022년 새해를 맞이하여 1월 5일 극초음속 미사일을 시험 발사하여 선제 기동 능력을 검증했다. 1월 11일에는 극초음속 미사일을 시험 발사하여 활공 도약 비행과 선회기동의 결합 상태를 검증했다. 1월 14일에는 열차 기동 미사일 검열 사격 훈련을 실시하여 철도 기동 미사일 연대 전투준비태세를 검열했다. 1월 17일에는 지대지 전술유도탄 검수 사격 시험을 하여 무기 체제의 정확성을 검증했다.

1월 25일에는 장거리 순항 미사일을 시험 발사하여 장거리 순항 미사일 체계 갱신 상태를 검증했다. 1월 27일에 지대지 전술유도탄을 시험 발사하여 공중 작열탄 폭발 위력을 검증했다. 1월 30일에는 화성-12형 중장거리 탄도 미사일 검수 사격 시험을 통해 무기체계의 정확성을 검증했다.

이는 미제의 악의적인 조치에 대한 강대강의 본보기이다. 미제가 특히 정권을 쥐고 있는 바이든이 제정신을 차리지 못하고 유엔 제재나 개별 제재에 함몰되어 나간다면 아프간에서처럼 쫓겨 나가는 날밖에 없다.

적대 정책 폐기는 바로 대북 침공을 위한 소위 한미 군사훈련의 영구 중단이며 미군 철수를 말함이다.

이제는 유엔 제재도 과거와는 완전히 다르게 중러가 반대하기 때문에 할 수도 없게 되었다.

그렇기에 미국은 이제 자기 본토 방위에 치중해야 할 때다. 이번에 트럼프가 김정은 국무위원장에게 친서를 보냈으나 무응답이라고 말했다. 바이든은 제정신 똑바로 차리고 어떻게 하는 것이 선대선이 되겠는가를 똑바로 재삼 고민하고 민족자결의 원칙으로 돌아오는 것만이 사는 길임을 똑바로 알아야 할 것이다.

비전향 장기수 제2차 송환촉구 기자회견

2021년 6월 14일 통일부 앞에서 비전향 장기수 제2차 송환촉구 기자회견을 했다. 양심수 후원회를 비롯한 통일운동 단체와 진보 단체 및 종교단체 대표자들이 참가하여 송환을 촉구했다.

2000년 9월 2일 6.15 공동선언 제3항에 의하여 63명의 비전향 장기수가 신념의 고향인 조선으로 송환되었다. 그러나 제2차 송환을 요구하는 동지들은 교도소 안의 장기 구금 속에서 정권의 잔인무도한 비전향말살책에 의하여 강제로 전향했으나 출옥 후 기자회견에서 전향취소를 선언하고 반미자주화 전선에서 누구 못지않게 투쟁하고 있다. 이제는 모두 비전향 장기수들이다.

앞서 1993년 김영삼 정권 때도 인민군 종군기자였던 이인모 선생이 송환되었다. 노무현 정부 때도 죽은 시신이나마 조선에 있는 가족의 품 안으로 송환되었다.

김대중, 노무현 정권의 전통을 이어받았다고 하는 문재인 정권에서는 제2차 송환을 요구하다 교도소에서 받은 고문의 후유증을 안고 살아온 비전향 장기수 46명 중 매년 몇몇 선생들이 송환의 한을 품은 채 돌아가시고 현재 5명이 생존하고 있지만 건강 상태가 점점 악화해 송환의 꿈이 물거품이 될지 모르는 불안 속에서 하루하루가 1년 365일이 되고 있다.

남북 관계가 악화하여 있는 현실이지만 그래도 문재인 정권은 비전향 장기수 선생들의 송환을 실현하리라 기대했다. 하지만 문재인 정권은 묵묵부답만 하며 지연시키고 있으니 참으로 잔혹한 정권이라고 느끼지 않을 수 없다. 임기 1년도 남지 않았는데 이대로 넘어간다면 문재인 정권의 말로가 평탄하지 않을 것이란 의심의 여지가 없는 것이다.

이제라도 과감한 결단을 내려 비전향 장기수들을 조선으로 보내 주고 유종의 미를 거두어야 촛불 항쟁의 정권이라고 할 수 있을 것이다.

다시 한번 마지막 촉구한다. 정권도 살고 우리도 살고 공생하는 장래를 염원한다면 이미 연세가 90대를 넘어 각종 병마에 시달리고 있는 비전향 장기수들의 요구조건을 수용해야 할 것이다. 꿈에도 그리운 고향 땅 처자식을 생각하며 힘겹게 살아가고 있는 비전향 장기수들의 제2차 송환에 과감한 결단을 내려 주기를 간곡히 촉구하는 바이다.

6월 15일부터 통일부 청사 앞에서 무기한 1인 시위에 들어갔다. 담당 부서인 이인영 통일부 장관의 과감한 결단을 촉구했다. 이번 1인 시위는 송환 당사자들이 마지막 죽음을 각오하고 직접 1인 시위를 통해 송환을 호소하고 있다는 것을 엄숙히 경고했다.

현재는 겨우 5명만이 살아남아 있다. 이렇게 고향을 그리며 투쟁하고 있다는 것을 기록으로 남기는 것이다.

비전향 장기수 묘소 훼손에 대하여

파주 보광사 입구 '연화공원'에는 비전향 장기수 여섯 명이 안치되어 있다. 보광사 주지 스님의 배려로 안치될 수 있었다. 그런데 극우 반동 놈들이 떼로 몰려와서 묘소를 파헤쳤다.

이 과정에 선생들을 화장해서 유골함에 유분을 담아 묻었는데 파헤치는 과정에서 깨지기도 하고 비석도 파헤쳐 넘어뜨리고 하는 만행을 감행했다. 2005년 12월 5일이었다.

2005년 12월 9일 오전 11시에 종로5가 기독교 회관 2층에서 각계 인사들이 참석하여 규탄 기자회견을 했는데 기자회견문은 다음과 같다.

지난 12월 5일 파주 보광사에 마련되어 있던 비전향 장기수 선생님들의 묘비를 일부 단체 회원들이 완전히 부수고 유골이 드러날 정도로 묘를 훼손하는 일이 발생하였다.

조선시대 초기 이래 사라진 부관참시가 21세기 대명천지에 벌어진 것에 대해 우리는 침통함을 금할 수 없다.

예로부터 두 하늘을 이고 살아갈 수 없는 철천지원수 간에도 이미 흙으로 돌아간 망자에 대해 최소한의 예의를 다하는 것이 우리 민족의 깊은 전통이자 인륜 도덕이었다.

나라를 팔아먹은 을사오적의 죄가 밉다고 해도 그 무덤까지 파헤치는 일은 없지 않은가. 하물며 분단의 틈바구니에서 일생 고난을 받은 비전향 장기수 선생들에게 몸 뉘일 한 평의 땅조차 허용하지 않는 극단적인 냉전의 사고, 폭력적 태도에 비감을 느끼게 된다.

보광사에 묻힌 여섯 분의 비전향 장기수 선생들은 자신의 신념에 따라 일생을 살아갔고 남쪽 세계와 일치하지 않는 부분과 관련해서는 세계에서 유례없는 잔혹한 수십 년 옥살이를 통해 넘치도록 대가를 치렀다.

그 신념에 대한 시비를 떠나, 사상과 양심의 자유를 인정하는 것은 민주사회의 기본일진데, 단지 자신이 받아들일 수 없는 사상이라는 이유로 부관참시나 다름없는 반인륜적 폭력을 가한다는 것은 어떠한 정치적 이유를 댄다고 하여도 절대 용납할 수 없는 일이다.

자비심의 도량인 불사 어귀 한 자락에 분단 민족의 한 사람 뉘일 곳도 없다면 수십 년 분단의 고통을 치유한다는 것은 어불성설이다.

남북 정상회담과 6.15 공동선언 발표 이래 남과 북은 과거의 냉전적 대결에서 벗어나 화해하고 단합하는 여러 정책을 추진하고 있으며 이 과정에서 오랜 분단의 찌꺼기가 청산되고 있다. 화해와 단합의 훈풍이 대결로 얼룩진 민족사의 아픔을 치유하고 있다.

남녘 땅을 방문한 북측대표단이 현충원을 참배하여 분단과 전쟁으로 인해 얼룩진 민족적 고통을 씻으려는 성의 있는 노력을 기울인 적도 있지 않은가.

우리는 이번 사태를 계기로 하여 남녘 사회 안에서 분단과 냉전의 잔재를 씻어버리는 노력이 더욱 적극적으로 진행되기를 바란다.

분단과 전쟁으로 인한 고통을 인도적 견지에서 해결하려는 노력이 진행되는 과정에서 남녘에 계시는 비전향 장기수 선생들과 그 유해를 조속히 소원대로 송환하여야 하며 남북 사이에 화해를 위한 조치들도 더 적극적으로 추진되어야 한다.

그리하여 분열과 대결의 찌꺼기가 완전히 청산되어 모두가 단합하고 평화롭게 번영하는 새로운 한반도를 꽃 피어 나가기를 바란다.

그때의 기자회견은 지금 조성된 조국의 정세와는 딴판임을 주목하기를 바란다.

20년 전의 무연고 우리 동지들의 유분이 6분이었다면 오늘의 현시점에서는 20여 분의 무연고 유분이 금선사에 안치되어 있는데 신념의 고향 땅에 묻히기를 바라고 있다.

이것도 저 간악한 미제를 몰아내야만 가능한 것이다. 따라서 미제를 몰아내고 졸개 윤석열 정권 패거리들을 분쇄 타도하는 총단결 투쟁에 총력을 다해야 할 것이다.

신념의 고향인 평양 한 번도 못 갔다

노무현 정권 때 금강산 관광을 가려고 우리 통일광장 동지들이 청구했으나 1차 때는 실패했고, 2차 때 청구했는데 다행히 허락되어서 가게 되었다. 이때 조국통일범민족연합 남측본부가 주체가 되어 가게 되었다. 2005년 7월 중순 무렵이었다.

금강산 관광을 다녀와서 '금강산에 휘날리는 범민련의 깃발'이란 제목의 글을 페이스북에 올렸다. 필자가 페이스북을 시작한 것이 2005년부터이다.

두 번째는 한노총이 금강산에 갈 때도 특별히 한노총 통일부가 초청하여 갔다. 8.15 한노총 통선대에 9박 10일 동안 같이한 경험이 있기에 가게 되었다.

당시 지금 국민의힘이 한나라당이었을 때 김재경 의원이 국정감사에서 "금강산에 간 소년 빨치산 김영승의 신분을 조회한 결과 조선노동당에 입당하고 국군 5명을 사살했다고 하는데 어떻게 이런 사람을 금강산에 보냈는가?" 하고 통일부를 따지기 시작했다. 국정원은 반대했으나 통일부는 보안관찰자이기는 하지만 인권적 차원에서 승인했던 것이다.

필자 외에도 소위 간첩 출신인 안학섭 동지, 양희철 동지, 김영식 동지를 문제 삼은 것이다.

당시 여의도에서 세기의 악법인 국가보안법 폐지를 위한 단식농성 때 범민련 남측본부 대외협력국장이 쓰러져 병원에 입원할 때 격려 방문하기도 했으며 양희철 동지는 장기수의 장례식에서 "이제 남은 저희들, 옷깃 여미며 동지께서 이루시고 품으셨던 모범 따라 한 생 살 것을 다짐한다."라고 했다.

그 후부터는 한 번도 금강산이나 평양, 개성공단까지도 가지 못했다. 금강산이나 평양에 갈 기회가 있을 때마다 청구했으나 번번이 불허하면서 '금강산에 휘날리는 범민련 깃발'이란 글을 쓴 것을 문제 삼기도 했다.

6.15 공동선언에 의해서 북남교류가 잘 되어 조선의 인사들이 남쪽에 내려왔을 때 당시 기자증을 내서 가지고 있었기 때문에 다른 분들은 배정된 테이블을 무단이탈해 조선 인사들을 만날 수 없었지만, 나는 기자증을 가지고 있었기 때문에 그들과 이야기할 수도 있었다.

특히 신념의 고향으로 송환된 이인모 선생의 따님과 만나 잠시 이야기도 나눌 수 있었다.

필자는 인천에 있는 월드컵 경기장에서 6.15 10km 마라톤 대회에 참가하여 신발 없이 맨발로 뛰어서 5등을 하기도 했다.

그해 8.15 대회 때 목포 유달산에 오르는데 북남 인사들의 사진을 찍으며 오르는데 국가정보원 한 놈이 나이 많은 나를 보더만 어떤 사람인가를 묻기에 군말 없이 기자증을 보이었다. 당시 기자라 하면 거의 젊은 사람인데 기자들 중 나이 많은 사람은 나 혼자뿐이기 때문에 색다르게 본 것 같았다. 아무런 저지 없이 맘대로 돌아다니며 사진을 찍기도 했다.

우리 선생 중 나만 물고 늘어지며 감시가 심했다. 특히 조선일보 극우 반동 기자가 나에게 인터뷰를 요청했으나 몇 마디 말로 거절했다. 나는 항상 미군 철수 남북 공대위가 제기됐을 때도 해야 한다고 주장했다. 조국통일범민족연합 남측본부는 적극 지지하고 실현을 위해 노력했으나, 기타 다른 단체들은 여러 가지 구실을 대며 반대하여 실현되지 못했다.

제3장

빨치산 전적지 탐사

지리산 함박골 박영발 비트의 참상

진달래산천팀

지금 조성되고 있는 정세는 미제와 그 주구 윤석열 패거리들이 무력을 총동원하여 북침 전쟁 연습에 최후 발악을 하고 있다. 언제 또다시 전쟁이 터질지 모르는 와중에 2023년 6월 17일 비트를 찾아가자는 젊은 친구들의 요구를 받아서 찾게 되었다. 조성봉 감독의 '진달래산천팀'이 전적지 기행 일정을 변경해서 잡은 것이다.

그 사연은 필자가 90을 바라보는 나이에 위험이 뒤따르리란 염려 때문에 마지막 기행이 될 수 있다고 생각해서 특별히 잡은 것이다.

비트를 발견하게 된 사연

전남 나주군 다도면이 고향인 박남진 선생은 전남도당 선전부 출판과에서 근무하다 지리산으로 이동하였다. 선생은 비트에서 3일간 있었다고 했다. 그래서 그 위치를 대강 짐작하고 있었다.

그리하여 2000년 6.15 공동선언이 나온 후부터 전적지 답사 사업이

박영발 비트의 흔적 ⓒ 조성봉

활발하게 전개되었다.

2003년 11월 초순에 건강이 좀 나아져서 박남진 선생, 정관호 선생, 손영심 여사, 조 감독, 박동기, 필자와 같이 지리산 뱀사골 산장에 1박 하면서 함박골에 와 봤지만, 찾지 못하고 되돌아가 뱀사골 산장에서 1박을 더했다.

다음날 지금 '6·15 쉼터'라고 이름 붙인 위쪽으로 큰 암 바위를 해 질 녘까지 탐사했으나 찾지 못하고 산장에서 1박하고 모두 하산했다.

귀가한 후 뱀사골 50,000분의 1 지도를 사서 공부한 후 다시 2004년 2월 15일에 비트를 찾기 위해 조 감독님, 광주의 박동기 님, 기세문 님, 라승아 님 그리고 필자까지 모두 5명이 함께했다.

함박골 6·15 쉼터에서 조 감독님을 비롯한 4명은 개울가 왼편을 더

들어 큰 바위를 찾아보고 필자는 단신으로 개울 건너 우측 편을 더듬어 보는 것이었다.

필자는 개울 건너편 족에서 더듬어 내려가는데 개울가 편편한 곳에 큰 구들장 트를 발견한 후 다시 돌아 올라가다 큰 암 바위를 발견하고 그 밑에 구들장 트를 발견했다.

이 근방임을 짐작하고 풀뿌리 나무를 잡고 기어오르는데 지금 동굴 입구 경사진 곳에서 손에 배터리 하나가 잡히길래 손가락으로 파 보니 배터리 다 쓴 것을 묻어둔 것을 발견했다. 그 아래 옆을 보니 동굴이 있었다.

얼마나 기쁜지 모르겠다. 해는 넘어가는데 아무리 동료들을 불러도 대답이 없어 다시 올라오는데 박남진 동지가 말씀했던 새밭[25]을 발견하고 6·15 쉼터까지 왔으나 아무런 기척이 없었다.

한참 동무들을 기다려도 오지 않는데 날은 어두워지고 있었다. 점심도 안 먹고 짊어진 것 없이 맨 몸이었다. 단신으로 어두컴컴해서 출발하여 9시경에 노고단 산장에 도착했다.

관리사무소에 찾아가서 이런 사람이라고 하니 수고했다 하면서 먹을 것을 준다. 목이 타서 물부터 달라고 했다.

관리소에서는 서울에서 제기한 조난신고를 받고 출발 준비를 하고 있는 차 마침 잘 찾아왔다고 하면서 친절하게 대접한다.

---

25) 새밭: 띠나 억새가 우거진 곳

먼저 간 일행들은 쉼터로 되돌아오지 않고 그길로 뱀사골 골짜기로 내려가 구례읍에서 저녁을 먹는 중 내 전화를 받고 조성봉 감독님이 차를 몰고 산장까지 와서 구례읍 식당에서 합류했다.

이 동무들은 나를 산 타는 데 토끼와 같으니 찾아올 것으로 생각하고 힘들어서 쉼터로 올라오지 않고 그냥 뱀사골로 내려갔다고 했다.

서울의 손영심 누나가 염려가 되어 노고단산장에 신고한 것이었다.

시민의소리

2004년 2월 24일 광주의 '시민의소리' 신문사에서 신문사 기념일도 되고 해서 동굴 기사를 내고 싶다고 했다. 그래서 시민의소리 모 기자와 함께 눈이 많이 와서 허벅다리까지 빠지는 눈밭을 해치고 비트를 찾아가 동굴 내부를 두루 살펴보았다.

동굴에서 나오는 통로도 아치형으로 되어 있어 기어 엎드려서 바깥에 나오기도 한다.

동굴 올라가는 사다리는 두 번째 갔을 때 조성봉 감독과 함께 톱과 대못 망치를 가지고 가서 만들어 놓은 것이 지금의 사다리다. 잡목나무를 베어 만들어 놓았기 때문에 오래갈 것 같다.

전적지 기념지

쉼터에서 15분 정도 내려가면 동굴이 나오는데 그 길은 필자가 동굴을 찾는 길이었다. 지금은 동굴로 가는 길이 등산길이 되어 찾기 쉽다.

박영발 비트로 올라가는 통로 ⓒ 조성봉

그 후에 찾는 사람들이 동굴 속 남은 잔해들을 한두 개씩 가져가면 안 된다고 해서 감독님과 상의해서 박동기 선생을 통해 거두어 전남대학교 박물관에 보관해 놓고 꼭 필요한 경우에는 조 감독과 필자의 승인을 받도록 했다.

그 후 얼마의 세월이 흘러 지금 묘향암 주지 스님이 동굴 안을 깨끗이 청소하여 암자로 쓰기로 한다는 조 감독의 전갈을 받고 상의하여 전적지 기념지로 살리기 위해서 암자로 쓰는 것을 허용할 수 없다고 했다.

전남도당위원장

박영발 동지는 경북 봉화 출신이며 우리가 아는 바와 같이 전평 토건 책임자이며 중앙위원으로서 모스크바 공산대학 재학중 위대한 조국전쟁 때 학업을 중단하고 전쟁에 참여했다. 그리하여 박우현 동지는 충남도당위원장으로, 방준표 동지는 전북도당위원장으로, 박영발 동지는 전남도당위원장으로 임명받고 부임하였다.

박영발 비트

박영발 동지는 일제 때 항일 투쟁하다 체포되어 고문을 많이 당해 걸어 다니는 것만으로도 몹시 불편을 느꼈다. 그래서 재산 시 땅굴 아지트에서 생활했으며, 적들이 산에서 공세를 취할 때는 땅굴에서 사업을 조직하고 지도했다.

그래서 비서실장격인 김정태 동지는 언제나 땅굴 트에 있을 때는 주변을 떠나지 않고 밤이면 식사와 주위 적정상황과 연락 업무를 하면서 철두철미하게 결사옹위했다. 그 후 공세가 끝난 후 1952년에 당 직속부대인 전남연대가 조직되어 연대장으로 투쟁하다가 백운산 진상골에서 보급사업을 나갔다가 돌아오는 길에 적들의 매복에 걸려 희생되었다는 소식를 듣고 그 얼마나 안타까워했는지 모른다고 했다.

백운산에 박영발 비트가 여러 개 있으나 찾지 못하고 있다. 그중 한 곳은 51년 동기 공세 때 한번 들어갔다 살아나온 것이다.

그래서 박영발 동지는 빨치산 묶기 투쟁 지도는 오래 할 수 없었다. 박영발 동지는 1953년 5월에 제5지구당 상임부위원장이 된 다음, 전남도당 부위원장인 김선우 동지가 위원장으로 승계되고 빨치산 총사령관도 부사령인 오금일 동지에게 승계했다. 김선우 동지는 도당위원장을 하다가 1954년 4월 5일에 백운산 원능선에서 희생당함으로써 전남빨치산의 조직적인 투쟁은 종막을 고하고 말았다.

제5지구당

제5지구당은 경남 전남 전북도 3개 도당 지도부였으나 당시 조선노동당 중앙과 선 연결이 안 되어 실제 중앙당 역할을 수행했다.

그러나 당시 박헌영 이승엽 도당들의 미제 고용 간첩질이 적발되어 그들의 지도를 받았던 제5지구당은 조직위를 열어 해체되었다. 그 후에 안 일이지만 당 중앙은 해체하지 말고 계속 사업하라는 지시문을 가지고 전북도당에 나타났지만, 전북도당은 이미 해체된 후에나 사실을 알게 되었다.

왜 지구당은 도당보다 상급 당인데 사전에 보고하지 않았는가는 의문으로 남게 되었다.

그리하여 박영발 동지는 이현상 동지와 함께 간부 5명이 평당원으로 내려앉아 있었기 때문에 1953년 9월 8일에 백운산에서 김선우 위원장 동지를 보위하고 섬진강을 건너 문수골 구례군 당트에서 하룻밤을 자고 빗점골 제5지구당 트에 도착해서 하룻밤을 잤다.

9월 17일에 박영발 동지를 모시게 되었는데 지금 삼도봉(당시는 토끼봉이라했음) 밑에 임시 아지트를 쓰고 있었다. 그 후 보위대 동지들의 탐사작업에 의해서 동굴을 발견하여 아지트를 옮기었다.

천연 동굴안은 첫째 칸에 평상을 만들어 그 위에서 일하고 자고 했다. 둘째 칸은 무전실로 썼다.

사실 〈조국출판사〉란 이름으로 당 중앙의 모든 지시문을 받을 수는 있으나 선 연결이 없어 보낼 수는 없었다.

실제 5지구당 역할을 수행했다.

박영발 동지의 최후

그 동굴 안에는 남호일 무전사와 리정례 여성 동무 기요원과 박갑서 의사와 보위 총책인 전남도당 간부부장했던 강경구 동지 외 연락병 동지를 비롯한 수명이 있었다.

당시에는 강경구 동지와 위원장의 연락병 동지를 비롯한 기타 동지는 사업 차 나가 있었다.

노고단 전투에서 중상을 당한 박갑서 의사는 적들이 족적 쫓아오는 관계로 오래 동굴을 쓸 수 없어 다른 곳을 알아보는 참이었다.

그때 동굴을 옮길 때 박갑서는 중상당한 자기를 없애 버리고 가지 않을까 해서 이왕에 죽게 되면 같이 죽자 하는 패배적 불합리한 심리

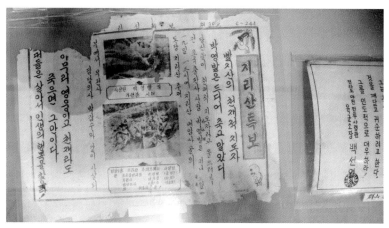

박영발 사망 삐라. 지리산 특보 제30호

상태가 발동하여 보초 보는 순간에 위원장을 비롯한 첫째 트에 있던 동지들을 사살했다. 이때 무전실에 있었던 리정례 동지는 수류탄을 던져 박갑서를 폭살하고 수류탄이 터지는 바람에 자신도 부상당했다. 이는 지리산 반역 사건이었다. 당의 치부이며 유격 투쟁의 수치였다.

그 후 사업 나갔던 동지들이 들어와 보고 참상을 알았다. 이날이 1954년 2월 21일이었다.

이형년 동지가 주치의였으나 53년 8월에 5지구당 해체 문건을 지참하고 백운산 전남도당으로 오다가 한수내 골에서 적들의 매복에 걸려 희생당하여 박갑서 의사가 대신했던 것이다.

첫눈이 왔을 때 발길이 나면 그 후에 눈이 와 발길을 메우지만, 눈이 녹을 때는 발자국이 남는다. 그래서 1954년 3월 19일에 적들이 수색하여 들어오는데 발길의 흔적이 남아있어 그 족적을 따라 동굴에 들어가 보니 참상을 발견하고 박영발 동지 시신을 산내면 학교로 이동했다는 것만 알 뿐이었다. 그 후 세월이 흘러 2010년대에 조성봉 감독에게 알아보라고 부탁했지만 주위 사람들도 모른다 해서 지금껏 시신은 찾지 못하고 있는 실정이다.

박영발 동지를 추모하며

박영발 동지는 다리를 잘 못 쓰는 데다 위장까지 나빠 약으로 살다시피 하고 밥은 조금 들지만 건강 상태는 아주 허약하였다.

그러나 말은 헛된 말이 없어 마치 나무에 못을 박으면 움직이지 않는 것과 같이 간단명료하였다. 품성은 고매한 성격에 항상 동지적 친밀감을 갖고 있어 다른 간부들도 존경하는 맘을 갖고 절대로 배후에서 비난하는 말을 들어본 적이 없다. 수령, 당, 인민과는 전일적인 단일체제가 된다는 신념을 갖고 충성을 마지막까지 다했다.

평화로운 조건 속에서 건강한 모습으로 지도했으면 얼마나 좋았을까를 생각해 본다.

원리원칙이 철저하고 수령님과 당 인민들을 위하여 충성을 다 했던 박영발 동지의 가묘는 조선의 애국열사릉에 모셔져 있다고 한다.

모택동의 자유주의 배격 11훈에 "당내 1인의 적은 당 외 100만의 적보다 위험하다"란 것을 항상 상기해 본다.

동굴의 참사는 적들이 이용할 수 있다 해서 발설 안 하기로 약속했는데 광주 '시민의신문'에 대서특필 되어 세상이 다 알게 되었다.

정관호 선생은 이미 약속했기 때문에 그 참상을 책에 기록을 안했다.

진달래산천팀은 언제나 박영발 비트를 찾을 때마다 추모제를 지내며 결의를 다지기도 했다.

빨치산 전적지 답사 남도부 부대 발자취 따라

진달래산천팀은 2019년 11월 9일부터 10일까지 1박 2일로 남도부 부대의 발자취를 답사했다.

진달래산천팀은 유명한 조성봉 영화 및 다큐 감독하에 매월 1회씩 정규적으로 〈빨치산 전적지〉를 찾아 다큐를 준비 중이며 수년간 답사를 해오고 있다.

2020년 10월을 1차 마감 목표로 했다.

이번 신불산[26] 답사는 특히 한 때 언론에 회자하였던 남도부 부대가 동해 남부를 근거지로 유격 활동을 펼쳤던 재약산[27] 주계바위 능선과 주암 골짜기를 답사하고 하산했다.

이번 답사 목적지는 재약산 정상을 둘러보고 주암계곡으로 하산할 계획이었으나 각처에서 찾아오는 관계로 늦게 출발해서 재약산 정상

---

26) 신불산: 울산 울주군 상북면. 고도 1,159m
27) 재약산: 경남 밀양시 단장면. 고도 1,119m

140m 남겨두고 시간 관계상 정상까지 오르는 것을 아쉽게도 접고 주암 골짜기로 무사히 하산했다.

남도부 부대의 중요 활동 진지들을 답사하려는 일정을 다음 기회로 미룰 수밖에 없었다.

오늘 오른 코스는 남도부 부대 발자취 따라 주계바위(775m) 능선을 타고 오르는데 산 경사가 급할 뿐 아니라 암벽이 도사리고 있어 밧줄을 타고 거의 수직 바위를 타는데 오금이 저리고 아찔했다. 매우 위험한 코스를 무사히 올라 한숨을 돌리기도 했다.

오늘 재약산 정상 고지를 점령하는 것이 계획했던 목표인데 시간 관계로 접고 사자평원에서 주암계곡으로 하산했다.

재약산의 사자평원은 역사적으로 신라 때는 화랑도의 훈련장이었고, 고려 때는 학문완성의 성지였으며 임진조국전쟁 때는 승병양성의

주계바위

사자평원

훈련장이었다. 여순항쟁 때는 빨치산 활동의 집결지기도 했으며 남도
부 부대의 투쟁 발자취가 묻혀 있는 주암계곡으로 이어지고 있다.

재약산 정상 1.1km 지점인 사자평원에 간이 막사를 치고 등산객을
상대로 음식을 파는 간이 쉼터도 있어 등산객들은 잠깐 쉬며 요기도
할 수 있어 좋았다.

진달래산천팀이 하산하는 주암계곡은 깊은 협곡으로 골짝에 흐르
는 계곡물은 오염되지 않아 타는 목을 적시고 점심도 먹을 수 있어
좋았다.

가을 단풍은 붉게 물들어 있어 등산객들의 마음을 즐겁게 해주고 있
을 정도로 아름다웠다.

계곡 중간쯤 내려오다 빨치산 부대들의 진지로 추정되는 돌로 주위
를 쌓은 터가 몇 군데 남아 있었다. 암자도 있고 전쟁 전후로 민간인들

이 살았던 집터만 잡목이 우거진 숲속에 남아 있어 전쟁의 상처를 남기고 말없이 지난 세월을 응징하고 있는 것 같아 마음이 아팠다.

진달래산천팀은 부대 터 자리에 준비해 간 조촐한 제찬을 차려 놓고 먼저 간 임들을 생각하며 묵념을 올리고 열사 정신을 기리었다.

추모 노래와 '임을 위한 행진곡'을 열창하면서 마무리하고 일정상 하산하여 뒤풀이에 목을 적시고 다음을 약속하면서 무사히 귀갓길에 올랐다.

신불산 배내골은 단풍철이고 주말인지라 등산객들과 자동차는 주차장을 방불케 하여 발 디딜 틈이 없을 정도로 붐비었다.

빨치산 투쟁의 전적지인 용추계곡과 돌고개

용추계곡 전적지

진달래산천 역사공장팀은 하루 일박하고 10월 25일 전북지역에서 빨치산 활동했던 임방규 선생을 모시고 설명을 들으면서 함께했다.

90대의 노구를 이끌고 마지막이 될 줄도 모르기 때문에 마지막 산행이라 생각하고 있는 힘을 다하여 하루 일과를 젊은이들의 부축을 받으면서 무사히 기행했다.

전북빨치산 부대원들이 투쟁했던 용추계곡을 오르는데 한 민간인이 이파리가 5개인 오가 장뇌삼을 뿌려 그 씨가 한창 자라고 있어 철망을 치고 입산 금지를 하고 있었다.

주인 사장 집을 찾아 설득했는데 쾌히 승낙하고 본인도 함께 동원되어 잠겨진 철망 문을 열어주고 우거진 길 숲을 앞장서 치고 오르는 성의도 보여 주었다.

오르는 산길은 계곡과 비탈길을 타는데 여간 힘들지 않았다. 용추산 중간쯤부터는 빨치산 부대가 썼던 아지트들이 많이 남아 있고 구들장

아지트도 여러 군데 있는 흔
적을 발견했는데 그때 동지
들의 숨결이 들리는 것만 같
았다.

전북빨치산 임방규

용추산은 전남 담양군에
속에 있다. 용추계곡에서 가
마골을 따라 오르고 내렸다.
1950년 9.28 후퇴 후 빨치산
해방구를 쓰고 있을 때 8.15
대회로 쓰던 아지트들도 그
흔적이 많이 남아 있었다. 월

정사 사찰은 그 당시 전북도당학교로 사용했지만 이후 적들이 소각했
다. 월정사 자리는 나무와 수풀만 우거져 있고 바로 인근 대밭 속의 노
령학원은 대나무가 우거져 있고 당시 뛰어 건넜던 계곡은 넓고 깊게
개울 물이 흐르고 있어 건너갈 수는 없으나 아지트 흔적을 엿볼 수 있
었다.

들어가는 어귀는 당시에 논밭이었으나 지금은 저수지가 돼 있었다.
따라서 환경의 변화를 실감할 수 있었다.

마지막으로 숯을 굽던 당시의 가마터가 그대로 보존되고 있어 이곳
을 찾는 관광객의 눈길을 끌고 있는데 역사의 현장임을 실감할 수 있
었다.

사마골은 영산강의 발원지이기도 하며, 양쪽으로는 깎아 세운 절벽의 골짜기라 관광객과 피서객들이 즐겨 찾는 관광지가 되어 있었다.

오늘 하루 답사의 마지막 용연폭포(떨어지는 폭포수 물이 적어 반감됐다)를 끝으로 기울어져 가는 석양 햇살을 받으며 마무리하고 길 안내했던 오가 장뇌삼 사장님 집 식당에서 점심 겸 저녁을 들고 다음을 기약하며 상경길에 올랐다. 장뇌삼 임방규 선생 수고 많이 했어요.

돌고개

2020년 10월 24일 전북 회문산 기슭에서 전국 합동 빨치산 추모제를 거행했다.

특히 회문산은 전북 빨치산 투쟁의 핵심 기지이며 적들의 포위 속에서 위기에 처한 만여 명의 인민들을 안전지대로 후퇴시키기 위해 전투부대 일개 중대가 여분산 고지를 사수하다 부중대장 일명만 살아남고 전멸의 희생을 당했다. 그런 사연이 있는 여분산 기슭에서 빨치산 추모제를 올린다는 것은 역사적 의의가 큰 것이다.

실로 백두에서 한라까지 봉우리, 능선, 골짜기, 돌부리, 풀뿌리마다 피가 어리지 않는 곳이 없다.

태백산, 소백산, 덕유산, 지리산, 회문산, 백운산, 백아산, 불갑산, 한라산 등 많은 지역에서 자유와 독립을 위하여 사랑도 청춘도 행복도 재산도 고귀한 생명까지도 다 바치고 한 줌의 흙으로 산화해 간 전사들은 모두가 혁명 전사들인 것이다.

역사는 기억인 동시에 기록이다. 살아남은 혁명 전사들은 세월을 거역할 수 없어 몇 분만 생존하고 있을 뿐이다. 후대들이 바통을 이어받아 열사 정신을 기리며, 75년째 둥지를 틀고 있는 미제를 몰아내는 투쟁에 너와 나 우리가 하나 되어 가열찬 투쟁을 다짐했다.

무사히 추모제를 마무리하고 진달래산천 역사공장팀은 순창 쌍치면 돌고개 전적지를 찾았다. 이 돌고개 능선은 황제봉 회문산 여분산 효자봉 장군봉 떼놈봉으로 둘러싸인 전략 고지 능선인데 빙 둘러 논과 밭이 있고 마을들이 들어서 있다.

이 돌고개 능선에 의경 경찰대 400여 명이 주둔하여 당시 반해방구 안의 인민들과 빨치산 활동을 저지하기 위하여 가을 수확을 방해하고 있었다.

때는 1951년 칠팔월 경에 몇 차례의 공격을 가했으나 돌고개 능선을 탈환하지 못했다. 빨치산은 10월 초순에 선무공작 사업을 병행하면서 주위 산봉우리마다 봉화를 올리고 2,000여 명의 농민들이 동원되어 함성과 함께 공격을 가하니 적은 겁을 먹고 더 이상 지탱할 수 없다는 것을 깨닫고 비오는 밤중에 몰래 빠져나갔다. 그리하여 빨치산과 농민들이 하나로 단결된 투쟁의 성과물로 해방구에서 8만 석의 가을 수확을 올릴 수 있다. 우리의 투쟁은 대중과 함께하면 승리한다는 참고훈을 남기었다.

우중 속 지리산 뱀사골 기행

2024년 6월 22일 오전 9시부터 기행을 했다.

오늘 기행은 뱀사골 석실 출판부와 단심폭포였다.

뱀사골 와운교까지는 계곡 우측에 나무다리를 놓아 오르내리면서 깊은 형언할 할 수 없는 절묘하고 아름다운 계곡을 감상할 수 있다.

우중 속에서 계곡다리를 타고 오르면서 제 1차로 석실을 참관했다.

석실 입구 ⓒ 오문수

석실 내부 ⓒ 오문수

석실이라 함은 돌로된 방이란 뜻이다. 바위가 포개진 틈으로 기어들어 가면 바위 세 개가 겹치면서 자연스럽게 작은 공간이 형성되었는데 한 평짜리 공간이 생겼다.

이 석실에서 9.28 후퇴를 맞아 입산한 전북도당은 일시적인 해방구를 쓸 때 출판사업을 했다. 뱀사골 계곡에 발통선도 놓아 방아도 찧었는데 구체적으로 어느 곳이었는지 잊어버려 알 수가 없었다.

이 석실 앞에서 추모제를 올리며 우선 뱀사골에서 미제를 비롯한 16개 침략군들을 몰아내는 투쟁 속에서 희생된 빨치산 전사들을 추모했다.

간단한 추모의 시간을 보내고 와운교에 올랐다. 전에는 와운교 다리를 건너 우측으로 계곡 따라 오르던 길이 있었는데 폐쇄하고 와운교 우측 계곡가로 나무다리를 놓아 긴 길을 따라 단심폭포 앞까지 올라 빗속에서 점심을 들었다.

석실에서 발행한 인쇄물

점심을 먹고 하산길에 들어섰다. 이 단심폭포는 작은 것이지만 전북 빨치산 부대들이 투쟁에 나갈 때 이 단심폭포 앞에 정렬하여 김일성 장군님께 맹세하는 일편단심 폭포이기도 했다.

그래서 뱀사골 하면 이 단심폭포가 유명해져서 오늘에 이르고 있다.

유독 뱀사골 산행 때만 비가 왔다. 빗속에서 하산하는데 무사했다. 필자는 런닝구 빤쓰까지 다 젖은 것은 출옥 후 처음이었다.

뱀사골 하면 함바골 천연동굴에서 박영발 동지를 비롯한 수많은 동지가 희생된 곳이다. 덕유산 망봉에서 희생된 전북도당 위원장 방준표 동지가 53년 봄까지 있었던 골짜기이며, 독립4지대 이현상 동지가 있었던 곳이고 이현상부대와 전북 남원군당부와 전북사령부가 있던 골짝이다.

지리산에서 제일 깊은 골짝이 바로 뱀사골이다.

이곳에 오기 전날 서울에서 내려오면서 구례군 무수내에서 살고 계신 이옥자 선생집을 찾았다. '빨치산의 딸'로 유명한 작가인 정지아의 어머님이시다.

내년이면 100살이다. 현재 건강 상태는 귀가 먹어 말소리를 잘 못 듣고 허리가 구십도 굽어 휠체어에 타지 않으면 바깥출입을 못 하지만 오장육부 병은 없으니 더 오래 사실 것 같았다.

내년이면 100세 잔치를 한다 하니 많은 독자들이 축하해 주기 바란다.

이옥자 선생은 이현상부대 정치지도원으로서 구빨치이며 남편 정운창 선생은 전남도당 조직부장으로 지금은 고인이 되었다.

어린애 하나가 있었는데 부대가 잠복해 있는데 적들의 토벌작전 속에서 어린애가 울게 되면 부대가 다 희생되게 되는 순간에 애 목을 졸라 죽인 선생이다. 부대를 살리기 위해서 소중한 아이를 희생시키는 영웅적인 의지적 결심을 빨치산 역사에 빛나고 있지만 이 얘기를 회

정운창, 정지아. 이옥자(옥남). 정지아 작가의 석사학위 수여식

고할 때마다 어미에게 죽은 아이 생각에 먹먹해지며 눈물이 난다.

오래오래 더 건강하게 사시기를 기원하면서 다음 기행을 위해 떠났다.

우중 속에서 고생 많이 했습니다.

피어린 대둔산

진달래산천팀은 2023년 2월 15일부터 16일까지 1박 2일의 일정으로 대둔산 전적지를 답사했다.

대둔산은 동학농민전쟁 때나 조국전쟁 때 수많은 피가 어린 곳이다. 이 모두가 조국의 자유와 독립을 위한 투쟁의 산 역사적 전적지 중의 하나라고 볼 수 있다.

2023년 2월 대둔산 ⓒ 조성봉

전국에서 모여든 진달래산천팀은 2월 16일 10시경에 대둔산 수락 계곡으로 올랐다. 마침 어제저녁부터 내린 눈이 많이 쌓였는데 오늘도 많은 눈이 내리고 북풍까지 몰아쳐 정상 능선 길을 걸을 때는 날아 갈 듯한 칼바람을 느끼면서 밧줄을 타고 바위를 넘고 넘었다.

바위 난간에 설치된 철계단을 오르는데 땀방울을 적실 정도로 힘이 들었다. 산 전체가 눈 꽃송이와 암벽 위에 덮인 눈의 설경은 한 폭의 그림과 같았다. 더구나 등산길에 쌓인 눈 밑이 녹아 아이젠에 엉겨 붙은 눈덩이를 털며 가느라 여간 불편하지 않았다.

오후 2시경에 청솔 대피소에 이르러 점심을 하러 들어가려는데 문은 굳게 잠겨 있었다. 할 수 없이 눈 위에 쪼그리고 앉아 점심을 드는데 자칫하면 체할 정도로 눈보라가 희뿌옇게 몰아치고 있었다.

진달래산천팀의 원래 계획은 정상을 찍고 동학농민혁명 최후 격전지를 탐방하고 하산하는 것이었다. 일반 등산객들은 손가락으로 셀 정도였다. 그러나 시간 관계와 사고 위험도 있을 수 있어 접고 수락계곡의 폭포수골로 내려오는데 등산 역사상 또 다른 절경을 경험할 수 있었다.

골짜기 중간중간 우뚝 솟은 암바위 간에 철다리를 만들어 놓았는데 그 철계단이 경사 계단과 수직 계단이 중간중간 설치돼 있었다. 내려가는 길인데도 오금이 저릴 정도로 스릴을 느꼈는데 말로다 표현할 수 없는 아름다운 절경이었다.

폭포수 골짜기는 맑은 계곡 물가에 계단을 만들어 놓아 누구나 폭포

진달래산천팀 대둔산 기행 2023년 2월. 필자 오른쪽 끝 ⓒ 조성봉

수까지는 손쉽게 갈 수 있도록 다듬어 놓았다.

진달래산천팀은 무사히 하산해 한숨을 돌리는 장소에 소위 '승리의 기념'이란 돌덩이에 새겨진 글귀를 보는 순간 눈살을 찌푸리게 했다. 그것은 전쟁 때 빨치산 토벌을 승리로 맺었다는 것이었다. 이는 6.15 시대에도 반공을 선전하기 위한 것이 지금도 버젓이 세워져 있어 분노를 자아내게 했다.

진달래산천팀은 전원 무사히 하산하여 식당에서 짐을 풀고 각자 소감 한마디씩을 남기고 닭백숙에 소주와 막걸리를 먹었는데 타는 목을 적시는 데는 일품이었다.

이번 산행은 목적지를 점령하지 못한 아쉬움을 남겼지만, 삭풍이 몰아치는 눈발 속에 절묘한 눈판 길을 무사히 마쳤다는 점에 위안하고 다음 기행을 약속하면서 귀갓길에 올랐다.

눈 덮인 지리산 바래봉

진달래산천팀은 매월 1회씩 일정표에 따라 지리산을 비롯한 전국 빨치산 전적지를 답사한다.

2019년 12월 이달에도 송년 마지막 기행지로 지리산 서북부 능선에 있는 바래봉(1,167m) 정상을 목표로 기행을 떠났다.

12월 21일 첫날은 남원시 산내면 부운마을 '구름산책'에서 민박

남원시 산내면 부운

했다.

　진달래산천팀은 인터넷을 통해 집결 장소와 시간을 게재하면 부득이한 일정이 있어 못 오는 사람들을 제외하고 각 지역에 살고 있는 관심 있고 뜻있는 남녀들이 모인다. 나이별로는 10대에서 80대까지 다양하다.

바래봉 능선에 오르다

　부운마을은 상 중 하로 되어 있다. 전쟁 전에는 다 살았지만, 전쟁을 통해 다 없어지고 전쟁 후에 본토배기 사람은 희소하고 외부에서 들어와 민박집으로 집을 짓고 살고 있다.

　부운마을은 민박집으로 거의 지어져 있고 중 마을은 터를 닦는 중이고 상은 집터만 남아있을 뿐이다.

　지리산 성삼재에서 뻗어 내린 능선인데 원능선에 오르는 고개를 부운치(1,140m)라고 부른다. 이 고개까지 오르는데 경사가 급해서 땀도 많이 흘리게 된다.

　기행팀은 드디어 부운치 골짝 급경사 길을 올라 부운치란 표지판이 세워져 있는 재에 올랐다. 여기까지는 성삼재에서 6.4km다. 우측으로 팔랑치(1,010m)를 통과해 바래봉 능선을 따라가는데 좌측은 남원 운봉읍이고 우측은 남원 산내면이다. 능선 길은 거의 평탄하다시피 하여 걷기에 그리 힘들지 않았다.

　능선은 거의 억새밭으로 되어 있는데 철쭉이 무성하게 펼쳐진 곳도 있어 철쭉꽃 필 때면 장관을 이루어 등산객들이 붐빈다고 한다.

드디어 바래봉 정상에 올랐다

바래봉 정상에서 바라보면 지리산 상봉 노고단 반야봉 만복대 등이 한눈에 들어오고 덕유산으로 펼쳐지는 백두대간도 눈에 들어온다.

바래봉 정상에 오르기 전 100m 지점에 약수터가 있다. 마치 지리산 임걸령 약수터와 비슷하다. 이곳에서 목을 적시며 미리 준비해 간 추모제 제수도 차려 놓고 지리산에서 쓰러져 간 영령들을 생각하며 묵념을 올리고 '임을 위한 행진곡'을 부르면서 마무리하고 점심을 들었다.

바래봉 정상을 점령하고 잠시 360도를 돌아보면서 감상하고 하산 길에 들어섰다. 하산길은 팔랑치에서 팔랑마을 골짝으로 내려오는데 상은 집터만 남아있는 줄로 알았는데 내려오면서 산기슭의 풀을 호미

진달래산천팀 바래봉 기행. 좌측 2번째가 필자 ⓒ 조성봉

로 뽑아내고 있는 오륙십 대 여자분을 만나 마을의 상황을 들어보니 옛날 전쟁 전에는 논농사를 짓고 살았다고 했다.

전쟁 전에는 이 팔랑마을에 60여 호가 살았는데 지금은 10여 호 밖에 살고 있지 않다고 하면서 전쟁 때 이 골짝에서 빨치산들이 많이 죽었다는 말을 듣고 역시 전적지 중의 하나임을 재확인하게 되었다. 이 지역은 전북 빨치산 활동 지역이다.

자기 자신은 다른 지역에서 시집왔지만, 남편은 3대째 살고 있는 본토배기라 골짝 내력을 잘 알고 있다고 했다.

이 마을 역시 민박집으로 마을을 이루다시피 했으며 여름철이면 관광객들과 등산객으로 붐빈다고 했다.

마을 몇 채는 예술인들의 작업실로 쓰이는 집도 있음을 확인할 수 있었다.

예외 없이 지리산 각 골짝 마을은 먹자골목이 된 지 오래다. 비단 여기뿐만 아니라 전국 각 지역 산골짝도 마찬가지다.

진달래산천팀은 전원 무사히 하산하여 뒤풀이에서 오늘 동짓날이라 동지죽으로 때우며 타는 목을 적시고 2020년 새해에 건강한 모습으로 다시 만남을 기약하면서 상경 길에 올랐다.

지리산 종주를 하는 사람들에게

백두대간의 지리산은 웅대하고 장엄한 산이다. 겹산이 아니라 홑산이다.

임진조국전쟁, 갑오농민전쟁, 항일 의병투쟁과 무장투쟁, 조국해방전쟁 시기에 외세와 사대매국주의자들을 물리치기 위해서 싸웠던 주요 전적지 중의 하나다.

지리산 종주는 일반적으로 성삼재에서 시작하여 원능선을 따라 상봉을 점령하고 중산리골로 내려오는 것을 일컫는다. 지금은 천은사골을 따라 관광로가 성삼재까지 있지만 전에는 화엄사에서 올라와야 했다. 상봉에서 백무동골로 내려오기도 한다.

편하게 종주하려면 뱀사골 산장에서 하룻밤 자고 연하천 산장에서 이틀 밤 자고 세석평전 산장에서 사흘 저녁을 자고 장터목 산장에서 사일 저녁 자고 하면 된다. 지금은 뱀사골 산장이 없어져서 연하천 산장까지 가려면 첫 거리가 제일 멀다는 것을 생각하고 종주 계획을 세워야 한다.

성삼재(현 주차장)

해방 전후 지리산 빨치산 투쟁에서 대소골(반야봉, 임걸령, 노고단 사이의 계곡)에서 투쟁을 전개하려면 반드시 성삼재를 넘어야 했다. 많은 동지가 적의 매복에 걸려서 희생당한 곳이 성삼재이다.

노고단 산장

이곳은 일제 때 미 선교사들이 있었던 장소인데 그때는 벽돌집으로 한 마을을 이루고 있었다. 전쟁 중에 선교사들은 미제의 간첩 역활을 하였다.

전쟁 때 빨치산들이 노고단을 넘나들 때 가끔 아지트로 사용할 때가 있었다. 전쟁 당시 미제의 수십 차례 폭격으로 폐허가 된 공터를 박정희 정권 때 산장으로 개발하여 오늘에 이르고 있다. 현재는 당시 교회당으로 썼던 곳에 교회당 터만 남아 있을 뿐이다. 그리고 그 골짝에 사철나무가 빽빽이 들어서 있었으나 다 벌목하고 지금과 같이 있는 상태다.

노고단

노고단 상봉은 전쟁 때 토벌대 1개 대대를 빨치산 대원 4명이 2시간 동안 방어하여 부대를 대소골에서 문수골로 안전하게 후퇴시킨 전력이 새겨져 있다. 1990년까지만 해도 노고단 상봉에는 미사일 기지가 있어 통제되었으나 그 후 철수하여 오늘에 이르러서는 등산객들이

노고단 해돋이. 2019년 2월 ⓒ 조성봉

수없이 많이 이용하고 있다. 화창한 날씨에 상봉에서 바라보면 광주의 무등산과 남해까지 바라볼 수 있다.

돼지령에서 임걸령까지

군경 토벌대들은 빨치산의 동선 파악을 목적으로 능선 복판을 중심으로 너비 50m를 완전히 벌목하여 민둥성이를 만들었다. 이를 통해 대소골에서 피아골로 넘나드는 빨치산들의 이동을 감시했다. 1951년 동기 공세 때 넘나들다 희생된 동무들의 시신이 눈에 묻혀 있다가 눈이 녹음에 따라 1952년 4월 초순에 능선을 타고 지날 때 목격되기도 했다.

임걸령 약수터

이 약수터는 대소골에서 피아골로 넘나들 때 휴식처였다. 물을 마시기도 하고 밥도 해 먹고 때로는 노숙하기도 했다. 봄이면 능선에 취나물이 많아 뜯어다가 소금도 없이 삶아 먹기도 했다. 지금은 등산객들의 목을 적시는 쉼터가 되어 있다.

화엄사 골

지리산 골짜기에는 크고 작은 사찰들이 많다. 군경토벌대는 빨치산들이 아지트로 활용하고 있는 근거지를 완전히 말살시킨다는 명분으로 하나도 남기지 않고 소각시켰다. 화엄사도 대웅전만 남겨두고 주위 건물은 전부 소각시켰다.

화엄사의 대웅전이 남겨진 배경에는 차일혁 18대 대대장(경무관)의 공이 컸다. 독립군 출신으로 경찰이 된 차일혁은 화엄사 대웅전을 불태우라는 명령을 어기고 문짝만 뜯어내어 소각하는 것으로 대신했다. 그는 "절을 태우는 데는 한나절이면 족하지만 절을 세우는 데는 천 년 이상의 세월로도 부족하다"고 했다. 차일혁 경무관으로 인해 주위에 천은사, 쌍계사, 선운사 등 유명한 사찰들이 살아남을 수 있었다. 결국 그는 잇따른 명령 불이행으로 감봉 처분을 받았다고 한다.

비록 그때는 적으로 싸웠지만 차일혁 경무관에 대해서는 경의를 표하는 바이다.

그리고 웃지 못할 사연이 하나 있다. 일제 때 미제 선교사 여성들이 노고단 통신대에 오르는데 경사가 급해 힘들었다고 한다. 그래서 산동에서 지게꾼 한 사람을 샀는데, 그 지게꾼이 여성 선교사를 지게에 짊어지고 올랐다고 한다. 어느 날 지게꾼이 오르는 중간쯤에서 선교사를 겁탈하고 도망을 간 후부터는 혼자 오르지 않고 둘 이상이 오르내렸다고 하는데 이 증언을 한 지게꾼 출신 대원의 말을 듣고 웃은 적이 있었다.

문수골

1948년 10월 여수에 주둔한 14연대 애국 병사들이 무장봉기를 일으킨 후 무장 부대가 지리산에 입성할 때 첫 도착지가 문수골이다. 여수 14연대의 아지트가 지금의 지리산 산간학교 자리이며 바로 앞 중

문수골 14연대 지도부 동굴 입구 ⓒ 조성봉

대마을 대밭 뒤에는 김지희 부대장이 지휘부 트로 사용했던 동굴과 거처했던 집이 있다. 전적지 기행팀이 문수골에 들어서면 반드시 동굴을 탐방하고 그 집을 찾는다. 전쟁 때 빨치산들이 썼던 도당학교 분교와 구례군당, 지구당, 부대 아지트들이 자리하고 있던 흔적들이 있다.

피아골

암 바위가 많은 골짜기인데 전쟁 때는 의지할 임시 동굴들도 많아서 투쟁을 위해 입산한 인민들이 많았다. 하지만 겨울의 혹독한 추위와 배고픔에 견디지 못하고 어린애를 품에 앉고 동사한 가족들이 있기도 했다.

현 피아골 산장 트는 1968년 산장으로 개발했는데 지금의 화장실을 만들 때 유골이 거의 한 트럭 나왔다고 한다. 소위 토벌대들이 공세를 취할 때 생포자들을 집단 학살한 것으로 추정된다.

그리고 또 산장에서 삼도봉 쪽으로 오르다 보면 일제 때 목기를 파던 곳이 있는데 1952년 제5지구당이 이곳에 임시 아지트를 마련했다. 초가을에 연락부 지도원이 연락차 경남도당으로 가다가 지금의 삼도봉(당시는 토끼봉이라 불렀음)에서 생포돼 아지트를 가르쳐 줌으로써 적들의 기습에 선전부장을 비롯한 간부 4~5명이 희생되었다. 그때 이현상 위원장 동지는 부관과 연락병 동지들의 활약으로 구사일생으로 살아남을 수 있었다.

그리고 전쟁 전 구례군당 아지트가 한두 개 있는데 지리산 전투지구당부가 썼던 아지트를 복원했으나 지금은 아지트 흔적만 뚜렷하게 남아있다.

대소골

심원계곡이라 불리는 대소골은 반야봉, 임걸령, 돼지령, 노고단 성삼재 만복대 능선, 산내 능선으로 둘러싸인 골짜기다.

대소골에서 흐르는 물은 70리를 거쳐 낙동강에 이른다. 전쟁 때 지리산 전투지구당과 구례군당 부대가 있었다.

골짜기 입구에 산동면 신원마을이 폐허가 된 상태에 있었다. 마을 입구에서 달궁으로 나가는 굽이쳐 가는 길에 주막집이 있었다. 1949년 김지회부대가 남원 운봉에 보급사업을 하고 돌아오는 길에 주막집에서 휴식을 취하고 있었는데 후방 보초가 피곤을 참지 못하고 조는 순간에 뒤따라온 적들에게 붙잡혀 기습으로 김지회 동지가 희생당했다.

1952년 여름에 반야봉 밑에 아지트를 쓰고 있을 때 희생지를 한번가 보기도 했던 기억이 아직도 생생하게 남아있다. 조선에서는 산내골을 '김지회골'이라 하고 김지회 동지에게는 영웅 칭호를 수여하고 열사릉에 안치한 것으로 알고 있다.

뱀사골

지리산에서 제일 깊은 골짜기다. 이 골짜기 함박골에서 당시 제5지구당 상임 부위원장인 박영발 동지가 천연동굴에서 희생당하기도 했

뱀사골 ⓒ 조성봉

다. 그리고 전북도당위원장 방준표 동지 아지트와 남원군당 아지트가 있으며 출판사와 발동기를 설치했던 골짜기다. 건너편 쪽에는 이현상 부대 아지트들이 많이 산재해 있었다.

1952년 10월에 이현상 동지 아지트에서 이현상 동지를 비롯한 전 남북 경남도당 위원장들이 한자리에 모여 9.28 후퇴 때부터 빨치산 총화를 짓고 제5지구당 결성을 결정하여 실천에 임하기도 한 골짜기이다.

삼도봉

3개 도(전남 전북 경남) 표지판이 세워져 있다. 그래서 삼도봉이라 한다. 그러나 전쟁 때는 토끼봉이라 했다. 옆 능선에서 보면 마치 토끼가 앉아 있는 것같이 보인다.

빗점골

화개골은 행정구역상 하동군 화개면에 있다. 화개골을 따라 오르면 첫 번째 다리 위부터 대성골이라 부른다. 오르는 마지막 마을이 삼정 마을이다. 그 위 골짜기가 빗점골이다. 지금은 없어졌지만 그 밑에 빗점마을도 있었다.

빗점골은 윗골 산태골 절골에서 흘러내리는 물이 합쳐지는 곳에 있다. 1953년 9월 18일 새벽에 이현상 동지 일행이 너덜겅[28]을 건너는 과정에 서남지구 토벌대의 매복으로 10여 명의 일행이 다 희생되고 한 동지만 살아남아 사실을 알게 되었다. 여기에서 20분 정도 오르면

빗점골 이현상 바위 ⓒ 조성봉

---

28) 너덜겅: 돌이 많이 흩어져 있는 비탈

동기 공세 때 사용하던 사령부 아지트가 지금도 남아있다.

토끼봉

전쟁 당시는 꽃대봉이라 했다. 봉우리 전체가 참꽃나무로 뒤덮혀 있어 장관을 이루고 있었다.

전쟁 때 이현상부대가 빗점골로 넘나들 때 치열한 전투가 있었다. 봉우리 참꽃나무 가지가 거의 부러져 있었다. 1952년 4월에 이현상 동지 아지트를 찾아갈 때 꽃대봉을 거쳐 가는 중 총탄에 맞아 참꽃나무 가지가 부러져 있는 것을 목격하고 얼마나 치열한 전투가 있었는지를 실감하게 되었다.

1953년 여름에 제5지구당 특수부대장 김태규 동지가 소조를 이끌고 토끼봉 능선에 배치된 서남지구 토벌대 1개 대대를 생포했던 곳이기도 하다.

김태규 부대장은 2명의 대원과 함께 국군 장교로 위장하고 당시 꽃대봉에 위치한 토벌대 지휘 본부를 습격하고 토벌대장과 대치를 벌였다. 결국 토벌대장이 사살되면서 권총을 빼 들고 쏜 것이 김태규 동지의 눈을 맞아 실명되었다. 빨치산신문에 대서 특필되기도 했다.

세석평전

이곳은 대한민국에서 가장 높은 고위평탄면으로 대략 1,500m 고도에 있으며 갈대 수풀 지대다. 1951년 동기 공세 때 소위 토벌대는 남

진달래 핀 세석평전

원 운봉에서 민간인을 강제로 동원해 포탄을 지게에 짊어지게 하여 세석평전까지 오르게 하였다. 하룻밤을 지새우는 노력인데도 빨치산의 기습을 명분으로 먹을 것도 제대로 주지 않고 엄동설한의 추위에도 몸을 녹일 불도 지피지 못하게 했다. 강제 동원된 농민들은 방한 준비 없이 허술한 옷차림에 냉혹한 추위를 견디지 못해 동사하는 사태가 벌어졌다. 당시 시신을 다 찾아갔으나 임자 잃은 지게는 수십 개가 널브러져 있었다. 세석평전은 학살을 자행한 곳임을 알아야 한다.

대성골

1951년 적들의 동기 공세 때 미군은 폭격기를 동원해 네이팜탄까지 퍼붓는 초토화 공세를 펼쳤다. 이때 이현상부대 주력과 경남도당 위원

대성골

장을 비롯한 1,500~2,000여 명의 동지들이 희생된 곳이다. 빨치산 투쟁 중 제일 마음 아픈 역사의 현장이기도 하다.

1970년대까지도 희생된 동지들의 유골이 노상에 굴러다니고 있었다고 한다. 현재 대성골 대성리 마을은 3가구만 남아 새로 집을 지어 등산객과 관광객들의 쉼터가 되어 있다.

조개골

경남도당과 산하기관들이 썼던 아지트가 남아있다. 1953년 적들의 공세 때 조병하 경남도당위원장이 비트에서 생포되었

조개골

던 골짜기다.

1954년 12월 24일 사형을 선고받고 서울 수색장에서 총살집행을 당하였다.

중산리골

1953년 여름에 적들의 토벌대가 공세를 취하고 중산리골로 퇴각하는 것을 경남빨치산 부대들이 골짜기 중간 지점에 매복하여 1개 중대를 타격하고 많은 탄약과 총을 노획한 골짜기다. 그중 일부를 전남도당에 보내준 것을 보기도 했으며 당시 빨치산신문에서 대서특필하였다.

악양골

악양면은 경남 하동군에서 가장 큰 면이다. 1951년 늦은 가을에 이현상부대가 월동 준비를 위해 악양면 해방작전을 벌였다. 인민동원까지 시켜 노획한 식량과 보급품을 비장했으나 곧바로 대공세로 인해 토벌대들에게 전부 빼앗기는 아픔을 겪기도 했다.

제석봉[29]

토벌대들의 대공세 때 네이팜탄을 퍼부어 나무들이 새까맣게 타죽

---

29) 제석봉: 천왕봉(天王峰, 1,915m)과 중봉(中峰, 1,874m)에 이어 지리산에서 세 번째로 높은 봉우리로, 높이 1,806m이다. 봉우리 근처에 산신에게 제를 올리던 제석단이 있고, 그 옆에 늘 물이 솟아나는 샘터가 있어 예로부터 천혜의 명당으로 알려졌다.

어 초토화되었다. 지금까지도 나무들이 제대로 자라지 못하고 있는 현상을 목격할 수 있다.

끝맺음

이상과 같이 아는 범위 내에서 윤곽이나마 기술하였다. 이는 지리산을 기행하는 사람이라면 전쟁 시기 이 땅을 침략한 미제를 비롯한 16개국 침략군을 물리치기 위하여 사랑도 청춘도 재산도 생명까지 조국에 바친 피 끓는 청춘남녀들이 적과 처절하게 싸우다 한 줌의 흙으로 산화하여 간 빨치산 전사들을 다시 한번 생각하기 위해서다. 그들의 불굴의 희생정신과 투쟁 경험을 오늘의 반미자주화 통일 투쟁에 접목하여 투쟁의 결의를 다지는 기행의 장이 되기를 바라는 마음에서 기술하였다.

4.3은 통일이다

2019년 11월 1일부터 3일까지 범사랑 주최하에 범민련 선생들과 장기수 선생들이 함께했다.

일정표에 따라 제주 4.3 항쟁지와 민간인 학살지를 답사했다.

제주도는 전 지역이 학살지라고 해야 할 정도로 많다. 학살지 중 아홉 군데만 발굴하고 미발굴지는 그대로 남아 있다. 특히 제주도 4.3 묘역은 피학살자들 중 행방불명자들(14,504명)이 묻힌 묘역으로 단장되어 있다.

1 호남지역 행불자, 2 경기지역 행불자, 3 대전지역 행불자, 4 영남지역 행불자, 5 제주지역행불자, 6 예비검속 행불자 등의 묘역으로 되어 있다.

송냉이골

우리 답사단은 송냉이골에 묻힌 16명의 빨치산 무장대 묘소 3기가 있는 곳을 답사했다. 이는 인근 의기초등학교에 토벌군 1개 중대가 주둔해 있었는데 새벽 무장대의 기습작전으로 4명을 사살했다고 한다. 토벌군은 반격 작전을 감행하여 무장대 16명이 희생되어 이곳에 묻히게 되었다고 했다. 묘소관리는 시민단체 성원들이 하고 있는데 앞으로 발굴해서 숫자와 신원을 확인하겠다고 했다.

토벌대는 자기 부대원 4명의 사살 보복으로 민간인들을 잡아 학교에 구금시킨 80여 명을 무참하게 보복 학살을 자행했다. 그때 집단 학살당한 민간인 집단 묘지가 송냉이골에 있다.

동백산 자연동굴

선흘1리 동백산에 들어가면 자연 동굴들이 있는데 이 동굴은 엎드려 들어가면 넓은 공간이 있는데 토벌군의 탄압과 학살을 피해 은신하고 있던 곳이다. 결국 이 동굴도 발각되어 전원 학살되었다고 하며 이곳에서 얼마 떨어지지 않는 곳에도 동굴이 있는데 여기서도 발각되어 40여 명이 학살되었다고 한다.

조천 북촌마을 학살지

1948년 12월 19일 북촌마을 고샅길에서 빨치산 무장대에 의해 토벌군 2명이 사살되었는데 이에 보복으로 12월 20일 새벽에 들이닥쳐 마을을 전부 불태우고 주민들을 학교 마당에 집결해 놓고 450여 명을 집단 학살하는 만행을 자행했다. 그래서 북촌 학살은 제주학살의 본형이 되고 있었다.

송이 학살터

학살지 답사의 마지막은 넓은 송이 학살터다. 이곳은 남녀노소 심지어 갓난아기까지 무려 350여 명의 집단 학살을 자행한 곳이다. 이곳에는 아기 무덤이 따로 있을 정도이니 얼마나 잔인하게 학살을 자행했는가를 실증해 주고 있다.

이곳은 위령비에 학살자 이름도 새겨져 있었다.

이덕구 사령관

한라산 기슭에 있는 제2대 한라산 빨치산 이덕구 사령관 산전을 둘러보고 조상들의 집단 묘지를 답사했다.

집단묘소에는 5대가 묻혀 있는데 이덕구 형제 5형제가 나란히 비석만 세워져 있었다. 5형제 모두가 반미 투쟁하다 희생된 것임을 확인할 수 있었다.

제주도 생태공원

마지막으로 제주도 생태공원을 관람했다. 자연생태 공원을 한 바퀴 도는 궤도 열차를 개설했는데, 중간 중간에 쉼터를 만들어 오전 10시에서 오후 5시반까지 관광할 수 있게 했는데, 이를 통해 수입원으로 활용하고 있었다.

위대한 영웅의 섬 제주도에 불을 품었네

우리는 답사 기행을 통에 "역사의 그날 4월 3일. 위대한 영웅의 섬 제주도에 불을 품었네"란 시 한 구절을 회상했다.

제주 4.3 투쟁은 반미자주화 항쟁임을 실감케 했다. 1945년 점령군으로 들어 온 미제에게 대륙침략의 교두보를 마련하고 조선을 식민지화하는데 가장 큰 걸림돌이 제주도였다. 그래서 4.3 항쟁의 불길을 잡는데 잔인한 학살극이 동원되었다.

미군정 장관 딘 소장은 "제주도 땅이 필요하지, 제주 인민이 필요한 것은 아니다"라 했고, 진압군 사령관 브라운 대령은 "원인에는 관심 없다. 나의 사명은 진압뿐이다"라고 했고, 주한 미 고문단장 로버츠는 "가능한 빨리, 그리고 깨끗이 해치우는 것이 중요하다"라고 했다. 그리고 미군정 경무부장 조병옥은 "제주도민들을 모조리 죽이시오" 하면서 "대한민국을 위해서는 휘발유를 뿌리고 불을 놓아 한꺼번에 태워 없애야 한다."고 했으며, 신성모 국방장관은 "40만 제주도민이 없어도 대한민국 수립에 아무 지장이 없다."고 했다.

미제는 제20연대장을 제주지구 총사령관으로 임명하여 제주도 인민 학살을 직접 지휘했다. 이는 역사의 진실이고 기억이다. 안타깝게도 제주도 인민항쟁은 1948년 4월 3일에 불을 품어 1954년 9월에 꺼졌으나 그 불씨는 지금도 남아 타오르고 있다.

평화쉼터

우리 답사팀은 제주도 답사 기행을 하는 동안 '평화쉼터'에서 2박을 했다. 이 쉼터는 신동훈 대표님을 비롯한 4명의 활동가들이 전 재산을 털어 450평의 대지 위에 2층집 3동을 건설해 금년(2023) 8월에 문을 열었다고 한다.

문을 연 지 얼마 안 되어서 여전히 주위 환경을 아름답게 단장하는 중이었다.

이 쉼터는 비전향 장기수 선생들, 세월호 유가족들, 비정규직 노동자들, 사회단체 성원들이 와서 편안하게 1개월, 1주일, 하루든 장기 요양도 할 수 있는 쉼터로 봉사하고 있는 글자 그대로 평화쉼터이다.

숲속의 별장, 요양장으로 봉사자들의 따뜻하고 인정에 넘치는 참사랑으로 친절하게 돌봐 주고 있는 평화쉼터이다. 제주도를 찾는 분이라면 한 번쯤 1박 해 보고기를 바란다. 신동훈 대표님은 간첩 조작으로 수원구치소에 수감되었다가 요즘 재판에서 1억 원의 보석금을 내고 출옥했다.

그간 고생 많이 했습니다. 축하합니다.

6개 도당위원장 회의트

덕유산 토옥동의 송치골(월성재와 삿갓봉 사이)에서 1951년 6월 6개 도당위원장들이 모여서 남부군 창설에 대해 토의했다. 전남도당위원장 박영발 동지만 반대했다.

이때 박영발 도당위원장은 일제 때 적들의 고문에 의해서 하체를 못 쓰기 때문에 도인민위원장이던 김백동 동지가 대신 참석하였다.

그리하여 충남 경남 전북은 사단 편제가 되어 이현상 동지가 남부군 사령관이 되어 남조선 빨치산 투쟁을 총지휘하게 되었다. 이현상 동지는 낙동강 전투에서 용감하게 싸우다가 1950년 9.28 전략적 후퇴를 맞아 북상하는 도중에 강원도 후평에서 6km 떨어진 가려마을에서 이승엽을 만나 병단을 해체했다. 가려마을에서 일주일간 머물며 부대편성을 다시 하고 4지대장으로 남쪽에 다시 내려와 빨치산 투쟁을 전개했다.

그 와중에 6개 도당위원장 회의가 열리게 되었다. 그러나 1951년 8월에 조선노동당 중앙위원회 결정 94호에 의하여 해체되고 말았다.

덕유산 내 6도당 회의트 ⓒ 조성봉

그 대신 각 도당은 지대로 편입되었다. 전남도는 제7지대가 되었다.

당시 인민군 전선사령관은 최용건 장군이었다. 남부군도 전선사령관의 휘하에 있어야 마땅했다. 그러나 남부군은 미제의 고용 간첩인 이승엽에 의하여 만들어졌기 때문에 전선사령관의 지휘를 받지 못하였다고 본다.

서기장은 김영재 동지인데 52년 4월에 전남도당 지리산 전투지구당부가 창설되었을 때 깡마른 몸으로 지구당에 와서 몸보신하다가 전남도인민위원회 위원장으로 백운산 전남도당에 갔다가 지하에 내려가 사업하다가 희생되었다.

남부군은 해체되는 것이 당연했다. 5지구당도 마찬가지다. 5지구당 해체될 때 이현상 동지, 김삼홍 동지, 박영발 동지, 방준표 동지, 이남래 동지 등 5명이 자진해서 평당원으로 내려앉았다.

남부군은 집단으로 통 크게 한번 싸워보지도 못하였다. 지리산 경남 하동군 '악양해방 작전'에서 식량을 많이 노획했으나 적들의 동기 공세로 인하여 다 빼앗기고 말았다.

남부군 부대는 경남도당부와 함께 대부대가 이동하는데 적들이 꼬리를 물고 따라다녔다. 그러다 1951년 겨울 동기동세 때 대성골에서 적들이 네이팜탄까지 퍼부어 거의 전멸당하고 말았다.

김일성 장군의 항일 빨치산 투쟁 전술을 적용하지 못하는 관계로 대참변을 당하고 말았다.

1952년 10월에 제5지구당 결성 때 전남에서 박영발 동지와 박찬봉 동지, 전북도당에서 조병하 동지, 경남에서 김삼홍 동지, 이현상 동지 등이 뱀사골 이현상 동지 아지트에서 일주일간 회의를 열었다. 9.28 전략적 후퇴 후 지금까지 투쟁 총화를 짓는데 이현상 동지의 대부대 활동으로 많은 대열을 희생시킨 데 대하여 비판받게 되었다. 당시 필자는 보위병으로 보초를 섰다.

하나 유념할 것은 이현상 선생을 남부군 총사령관이라 칭하지 말고 독립 4지대장이라고 칭해야 한다.

2023년 11월 18일(토). 진달래산천팀과 함께 덕유산 6개 도당 회의 트를 답사하기로 한 날이었다. 가는 날이 장날이란 말이 있듯이 마침 눈바람 불고 덕유산에는 간밤에 눈이 내려 약 8cm 정도 쌓였다.

장수군 장계면 김일한 선생 집에서 일박했는데 밤새 눈이 많이 왔다. 첫눈을 밟고 89세인 내가 6개 도당 회의트에 간다고 해서 80대인 김일한 선생도 같이 갔다가 무사히 하산했다. 그의 친동생이 김동한인데 민족문학작가회의 사무국장이라고 한다.

출옥 이후 이렇게 많이 온 눈, 그것도 첫눈을 밟고 등산하는 것은 처음이었다.

진달래산천팀은 제주도 인민 항쟁을 최초로 영상화한 〈레드 헌트〉로 유명한 조성봉 감독이 이끌고 있다. 앞으로 빨치산 다큐도 제작할 예정이라고 한다.

진달래산천팀은 매달 빨치산 전적지 답사하면서 추모제도 지내면서 조선 인민의 철천지원수인 미제를 몰아내는 투쟁에 온 힘을 쏟을 것을 다짐하면서 기록으로 남기는 것이다. 6개 도당위원장 회의트에도 몇 번 와 보았다고 한다.

오늘 저녁 상경하는데 교통이 막혀 좀 늦은 9시 40분에 무사히 귀가했다.

마지막이 될 백운산 기행

2024년 3월 16일. 백운산[30] 진상면 하회마을 골짝을 통해 상봉에 오르는 길은 경사가 급해 오르는데 여간 힘든 게 아니었다. 올라갈 때 빨치산들이 썼던 구들장 트들이 주위에 몇 군데 있었으며 감회가 깊었다.

당시 진상골은 폭 50m 간격으로 상봉까지 확 벌목해 상봉에서 내려다보면 개미 기어가는 것도 쌍안경으로 다 보이도록 만들어 놓고 소위 빨치산 토벌을 자행했다.

새로 심은 나무들이 가지런히 자라서 눈여겨보면 지금도 그 흔적이 나타나 있다. 나도 백운산 기행을 많이 했지만, 이 길은 이번에 처음 가보는 길이었다.

이번 답사는 광양 옥곡면에 사는 배영일 동지가 건강한 모습으로 기행을 좋아해서 백운산 봉우리 능선 골짜기마다 안 가 본 데가 없었다.

---

30) 백운산: 전라남도 광양시 다압면·옥룡면·진상면의 경계에 있는 산. 높이는 1,222m이다.

그래서 이 길로 진달래산천 3월 기행으로 잡았기 때문에 초행길이었다. 덕분에 빨치산 아지트를 발견한 것도 새로운 것이어서 너무도 다행이었다.

배영일 동지는 전쟁 전 전남 빨치산 부사령관을 하다 전사한 배홍순 선생의 조카분이다. 그래서 배영일 동지 집에서 일박하기도 했다.

전쟁 전 전남 빨치산 부사령관을 했던 배홍순 선생의 위령비가 있다. 이 비석은 그의 조카인 배영일 님의 집 뒤에 세워져 있다.

이번 기행에 상봉을 점령해 추모제를 진행하려고 하였으나 오늘따라 기행팀이 너무도 많아 발 디딜 틈도 없다시피 해서 제시간에 지낼 수 없었다. 그래서 우리는 상봉에서 하봉을 거쳐 밑에 만들어진 헬기장에서 추모제를 지냈다.

백운산은 역사적으로 임진조국전쟁, 갑오농민혁명전쟁, 의병투쟁, 항일 빨치산 투쟁 정신을 계승한 위대한 조국해방전쟁 전후 시기에 사랑도 청춘도 생명까지 다 바친 불굴의 혁명 열사들의 기상이 서린 곳이다.

그 투쟁 정신을 이어받아 78년 동안 점령군으로 들어와 갖은 학살 약탈 강간 방화와 자기 국가 이익만을 추구하는 미제를 몰아내고 졸도인 윤석열 정권 패거리들을 타도 분쇄하기 위하여 총단결된 투쟁을 가열차게 전개해야 된다는 투지를 굳게 굳게 다짐하며 대를 이어 투쟁할 것을 다짐하였다.

추모제를 지내고 삼각고지 기관포 고지 800고지(억불봉 삼거리)를

백운산 전남도당트 ⓒ 조성봉

점령하고 바구리봉을 거쳐 진상면 구황리 골짝으로 내려와 집합 장소에 도착했다.

우리 네 사람은 무릎이 아파 그냥 촛대봉 삼거리(노랭이재)를 거쳐 골짝으로 내려왔다. 캄캄한 밤에 뒤풀이 장소에 무사히 도착했다.

저녁을 들고 건강한 모습으로 다음 기행을 약속하며 귀갓길에 올랐다. 우리 진달래산천팀의 수고가 많았다.

필자는 오산까지 한도숙 님 차를 타고 와 갈리어 수원에서 인천 가는 막차가 12시 전에 있는지 젊은 분에게 물어보니 지금 가면 있다고 해서 수인선을 탔는데 오이도까지 안 가서 할 수 없이 모텔을 찾는데 한참을 헤매다시피 해서 1시 30분에 모텔에서 자고 17일 아침에 무사히 귀가했다.

참고: 사진을 못 올리다가 우리 딸에게 컴퓨터를 봐 달라고 하니 로그인하더니 쉽게 올린다. 그렇게 쉬운 것을 모르고 있었으니 아무리 나이가 많아도 배울 것은 배워야 한다. 이제는 맘대로 올릴 수 있으니 기쁘다.

전쟁 전후 경남 산청군 학살지

경남 산청군 신천면 신천초등학교와 덕산초등하교 부근을 답사 했다. 당시 산청유족회장인 정맹근 회장의 증언에 의하면 다음과 같다.

신천초등학교 터와 덕산초등학교 뒷산

1949년 7월 18일에 인근 주민들 50~60여 명을 신천초등학교 터에 통비분자로 몰아 무참하게 학살했다고 했다. 그리고 7월 22일에는 덕산초등학교 뒷산에 100여 명의 주민들을 끌어다가 학살했다고 한다.

당시 학살의 주체는 국군 3연대로 밝혀졌으며 시신들은 살아남은 유족들이 거의 찾아갔다고 한다.

삼장면 가마골 학살지

가마골에서는 40~50여 명의 민간인을 끌어다가 총소리 한방 내지 않고 대검으로 찔러 잔인하게 학살했는데 지금 당장 발굴하면 유골이 나올 것이라고 했다. 현재 가마골은 버섯재배단지로 '출입금지'란 팻 말이 새워져 있다.

시천면 원리 학살지

1950년 7월 23일 민간인 70여 명을 원리 뒷산에서 학살한 것으로 추정되며 당시 개울 건너 주민들이 시신을 찾아갔으며 지금은 학살터에 집들이 세워져 있는데 집터를 파면 유골들이 나올 것이라고 했으며 당시 집을 지을 때도 유골이 나왔다고 했다.

당시 학살지에서 살아남은 장경생 씨가 있었는데 10여 년 전에 작고했다고 하니 지금으로부터 15년 전까지는 생생한 증언자였다.

답사팀이 가기 바로 전에 개울가 한 군데서 유골 4구가 나왔고 바로 밑에 남명 조식 선생의 묘소 옆에도 발굴하면 유골이 나올 것으로 추정하고 있다.

산청 외공골(외공리) 500여 명 학살지

1951년 2월부터 3월까지 국군이 장갑차를 앞세우고 트럭 3대에 분승하고 11대의 버스에 실어 온 민간인들을 구덩이 5개를 파고 학살한 후 암매장했다.

이를 안 지역 시민단체들이 2000년에야 비로소 150여 구의 유골을 발굴하였다.

그 후 과거사위가 발족하여 2008년 7월 19일에 유골 발굴 개토제에 이어 암매장지를 발굴한 결과 무려 250여 구를 발굴했다.

외공리에서 발굴된 희생자 유골. 연합뉴스.

그런데 과거사 위에서는 조사한 결과 학살의 주체가 국군인지 경찰인지를 확실하게 밝히지 못하고 1차 과거사위는 종지부를 찍고 말았다.

앞으로 언젠가는 학살의 주체를 명맥히 밝혀야 할 과제를 남기었다.

마산시 옥방마을 학살지

경남 옥방마을 뒷산은 전쟁 때 인민군대와 미군 간에 치열한 전투장이 되었던 '갓뎀고지[31]'가 있다. 옥방마을 뒤 골짝으로 펼쳐지는 깊숙한 능선 고지이다.

미군이 이 고지를 점령하기 위해 많은 희생자를 냈다. 그래서인지

---

31) 갓뎀고지: goddam. 제기랄, 빌어먹을

미군은 이 고지를 갓뎀고지라 불렀다고 한다.

이 옥방마을 골짝 왼쪽에 전쟁 때 400여 명의 민간인을 학살한 조그마한 골짝이 있다.

학살지 입구에 유골이 매장되어 있다. '들어가지 말라!'는 경찰서장의 경고문이 새워져 있다.

이상 민간인 학살 건을 지면상 끝내려 한다.

필자가 전민특위[32] 조사단장을 하고 있었기 때문에 미제와 그 주구들에 의한 전국 학살지를 거의 안 가 본 데가 없다. 미제와 주구들이 자행한 만행을 대중들은 똑똑히 기억하여 다시는 이 땅에 전쟁의 참화가 되풀이되지 않게 항구적인 남북 평화를 만들어야 할 것이다.

---

32) 전민특위: 미군학살만행진상규명전민족 특별조사위원회

거제도 포로수용소의 실태

    필자는 2024년 1월 26일 11시경에 옛 거제도 포로수용소를 찾아 두루 살펴보았다.

    거제도는 섬이다. 지형 지세를 살펴보니 부채처럼 둘러 산 능선이 펼쳐져 있고 앞은 툭 터져 있었다.

    옛 포로수용소 모습은 사진으로 진열되어 있고 고망대도 나무판자

1952년 거제도 포로수용소 전경

로 세워져 있었다.

취사장 사진도 고망대와 같이 있었다. 포로들의 생활관은 모양만 있지 그 안에 다른 기기들이 진열되어 있었다. 포로수용소 터는 주차장으로 사용되고 있었다.

위대한 조국해방전쟁 때인 1950년 9.28 전략적 후퇴 시기에 미쳐 후퇴를 못 하고 빨치산으로 입산하여 투쟁하다가 적들에게 체포당하였다.

일부는 거제 포로수용소로 보냈으나 나머지는 보내지 않고 세기의 악법인 국가보안법에 의하여 장기 구금시켜 놓고 전향말살책에 따라 각종 고문을 통해 심신을 망가뜨렸다.

이후 출옥했으나 오래 살지 못하고 허찬영 유기진 동지처럼 신념의 고향을 그리다가 저세상으로 가는 동지도 있었다. 그리고 정보과에 불려갔으나 행방불명된 자도 있었다.

거제도 포로수용소 인민군 포로들을 제네바 협정에 의한 인도적 대우는 고사하고 전향말살책에 의하여 한 사람이라도 반공포로로 만들기 위하여 갖은 탄압과 압박을 감행했다.

판문점에서 열리는 정전협정에서 포로 교환 문제가 장기간을 끌었는데 미제는 포로 숫자를 줄이기 위하여 1953년 6월 23일 2만 8천 명을 반공포로라 하여 석방했다.

이때 석방된 반공포로가 괴뢰군에 편입되어 빨치산 토벌에 동원되었는데 우리와 싸우다가 포로가 되어 "남아서 같이 싸우겠는가?" 하고 물으니 "남아 싸우겠다." 해서 잘 싸워서 빨치산 대대장 하다가 괴뢰군에게 체포되어 징역을 받고 살은 동지도 있었다. 이는 이현상부대에서 체포된 것이다.

당시 인민군 포로 숫자를 줄이기 위한 심사를 하는데 소위 '자유를 택하겠는가, 조선으로 가겠는가'를 설정해 놓고 조선으로 가겠다 하는 인민군 포로의 다리를 잘랐다는 얘기도 있다. 그래도 기어가는 인민군 동지가 있는 것을 보고 우르르 가겠다 하고 나서는 인민군 포로 동지들이 있었다고 한다.

그리고 인민군 포로들을 바닷가에 생체 실험장을 만들어 놓고 일제 때 731부대가 조선인과 중국인들을 생체 실험을 한 것처럼 했다는 얘기도 있다. 생체 실험 중에 죽은 시신들을 바다에 버렸다고 하는데 이 얘기들은 차마 믿을 수 없을 지경이다.

당시 포로수용소 소장이 인민군 포로들에게 체포당하였는데 앞으로 대우를 잘해 주겠다는 확답을 받고 풀어주었다. 하지만 적들은 각종 무기로 진압을 자행하여 수 많은 포로를 살상했던 것이 미제인 것이다.

불갑산의 산 증언자 김영승 ⓒ 박만순

제4장

빨치산 영웅을 추억하며

불굴의 혁명 투사인 이현상 선생 70주기

이현상 선생은 1905년에 충남 금산군에서 400지기 부농이며 공덕비가 세워질 만큼 명망가였던 이면배 부친과 김행정 모친 사이에 6남매 중 다섯째이자 4남으로 태어났다.

선생은 보통학교 때부터 댕기 따고 다니면서 일제 선생을 때려 패는 반일 운동 기질을 갖고 있었다.

고창고보를 거쳐 서울 중앙고보로 진학 중 중퇴하고 보성전문학교[33] 법과를 중퇴했다.

선생은 1925년에 조선공산당 창설에 참여했으며 1926년 6.10 만세운동과 1929년 광주 학생운동에도 참여하여 선두에서 투쟁을 벌이다 투옥되어 총 12년 8개월의 수형생활을 하게 되었다.

선생은 서울 서대문교도소에 살 때 항일 무장투쟁을 하다가 서대문교도소에서 살고 있는 박달 동지와 리재순 동지를 만나 김일성 장군

---

33) 보성전문학교: 고려대학교 전신

님의 전민항쟁방침을 전해 듣고 한층 투쟁에 의욕을 불태우며 21일간의 단식투쟁 끝에 병보석으로 석방되었다.

이 과정을 통에 얻은 결론은 "제아무리 열성을 가지고 투쟁해도 옳은 노선에 입각하여 영도자의 영도를 받지 못하고 투쟁하는 것은 종이 위에 불과 같다"는 것을 깨달았다고 했다.

40여 일을 쉰 다음 지리산으로 들어가 학도병 기피자와 애국청년들을 모아 무장 대오를 결성하여 친일 경찰, 친일 매국노, 악덕 지주들을 청산하는 무장투쟁을 전개했다.

1945년 광복을 맞아 미제와 이승만의 단선단정 반대투쟁을 전개했다.

선생은 조선공산당 간부부 부장을 했으며 삼당 합당 후에도 간부부 부장을 했다.

선생은 1948년 초여름에 두 번째 북상하여 김일성 장군으로부터 다시금 투쟁 방향을 지시받고 생에 마지막까지 지니게 될 한 자루의 권총과 아내에게 선물해 줄 금시계를 선물로 받았다.

김일성 장군님과 생에 마지막 만남이 되었던 그 자리에서 네 자녀의 장래 문제를 의탁할 것도 잊지 않았다.

그리하여 1948년 11월에 설한풍이 몰아치는 지리산으로 들어가 그곳에서 5년 동안 세계사에 다시 찾아볼 수 없는 처절한 투쟁을 계속했다.

김일성 장군님의 지시에 의하여 적후에서 유격전을 강화하여 적의 통신수단을 파괴하고 적의 참모부와 전투기 자재를 분쇄하라는 주석님의 지시를 받들어 '낙동강시절'이라 불리는 대격전을 벌이게 된 것이다.

인민군 주력부대는 적들이 제공권을 장악하고 있기에 낙동강 도하작전에서 많은 희생을 보았다. 하지만, 이현상부대는 낙동강을 건너 미제 주둔지를 습격하여 많은 성과를 올렸다. 1950년 9.28 일시적 후퇴를 당하여 후퇴하면서도 적들의 보급로를 차단하고 인적 물적으로 상당한 피해를 주면서 후퇴하고 있었다.

마지막 후퇴지를 향해서 북상하고 있는데 강원도 후평에서 6km떨어진 가려주마을에서 이승엽을 만나 북상하지 않고 재남진하기 위해서 10일간 휴식을 취하고 부대를 재편하였다. 이현상부대는 병단을 해체하고 제4지대로서 남진하게 되었다. 이때 중국 인민지원군 부대가 참전한 전투에서 적들에 대한 섬멸적 타격을 주면서 남진하고 있음을 알게 되었다.

지리산을 향해 남진하면서 청주해방작전에서 청주교도소를 해방시켜 구속된 재소자들을 무조건 석방시켰다. 이 중에 오륙 명의 동지는 끝까지 따라 남아 영웅적 투쟁으로 잘 싸웠다 한다.

이현상부대는 민주지산에 와서 일주일간 머물면서 김지희부대를 비롯한 세 개 부대로 나누어 지리산을 향해 전투하면서 달리고 있었다.

이 와중에 영웅적인 전략 간부로서 총참모장인 박종하 동지의 희생을 보게 되었다.

그리하여 이현상부대는 박종하부대와 김지회부대로 나누어 투쟁하다가 결국에는 김지회부대로 재편되었다.

1951년 5월에 덕유산 토옥동 골짜기에서 6개 도당 공동회의에서 남부군이 창설되었다. 그러나 1951년 11월 14일 당중앙 94호 결정에 의하여 남부군은 해체되고 지대로 재편되었다.

이현상부대는 제4독립지대로서 지리산에서 영웅적으로 투쟁했다. 그러나 1952년 2월 19일에 지리산 대성골에서 이현상부대와 경남도당이 대참패를 당하였다. 이때 부상당한 동무들이 수류탄을 입에 물고 자결함으로써 지도부를 구출해 내는 결사옹위 정신을 창조해 냈다.

그러나 경남도당은 남경우 위원장을 비롯한 도당 간부들이 총무과장 하나 남고 대참패를 당했다. 일시적으로 공세가 끝난 후 새로 경남도당을 건설하는 일까지 벌어지게 되었다.

이때 적들은 심지어 사용이 금지된 네이팜탄까지 퍼부어 2,000여 명의 동지들을 숯덩이로 만들어 놓았다.

그리고 이현상부대는 뱀사골에서 대성골로 넘나들 때 얼마나 전투가 치열했는가는 꽃대봉은 참꽃나무로 봉우리를 이루는데 1952년 4월 5일에 이현상 동지를 찾아가는데 부러지지 않은 나무가 거의 없었다는 것을 직접 확인했다. 이만큼 꽃대봉 전투가 치열하게 전개되었음을 증명해 주는 것이다.

1952년 동기 공세가 일시적으로 끝난 후 한 개 부대를 조직하여 중앙과 선 연결을 위해 북상시켰으나 태백산맥을 넘지 못하고 모두 희생을 당하였다.

1953년 8월에 박헌영 이승엽 도당들의 미제 고용 간첩이 적발되어 제5지구당은 중앙과 선 연결을 갖지 못하였기 때문에 자체 조직위를 열어 자진 해산했다.

그리하여 이현상 동지를 비롯한 간부 5명이 자진 평당원으로 되어 53년 9월 18일 지하로 내려가기 위하여 10여 명이 지리산 빗점골 너덜경을 건너다 적들의 매복에 걸려 왼골, 산태골, 절골에서 흐르는 합수부에서 희생당하였다.

당시 필자는 꽃대봉에 올라 새벽 정찰을 하는데 아침 해 뜰 무렵 빗

이현상 삐라

점골에서 총소리가 바글바글 났었다. 그 후 매복에 걸린 희생자 중 한 사람이 살아나와 그 참상을 알게 되었다.

그때 이현상 동지의 희생은 경남 연락원이었던 변절자의 의한 것이었다.

적들은 시신을 사진 찍어서 삐라로 만들어 비행기를 통해 대대적으로 남조선의 산야에 뿌렸다. 결국 시신은 섬진강 모래사장에서 화장해서 섬진강물에 뿌렸다고 한다.

이현상 선생의 유품에는 두 자루의 권총과 그의 작은 수첩에는 다음과 같이 쓰여 있었다.

바람 세찬 지리산에 서니 앞은 일망 무한한데
검을 품고 남쪽 천 리를 달렸구나
내 한시인들 조국을 잊은 적이 있었던가
가슴엔 필승의 지략 심장엔 끓는 피 있노라

조선에서는 이현상 선생에게 1951년에 국기훈장 1급, 1952년에는 자유독립훈장 1급, 1953년에는 공화국 영웅 칭호, 1990년에는 조국통일상 수여, 1968년에는 열사증 제1호 수여, 1972년에는 70살로 세상을 떠난 최문기 부

인을 합장시켰다 한다.

진달래산천팀은 매년 빗점골 이현상 희생지를 찾아 추모제를 지내며 오는 9월 16일 70주기를 맞아 크게 지낼 예정이다.

이번 6월 18일에는 전국농민회총연맹 의장을 했던 배종렬 선생이 건강이 좋지 않아 죽기 전에 이현상 선생 비트를 찾고 싶다 해서 한도숙 전 의장이 주선해서 농민회 동무들과 관심 있는 인사들이 찾을 예정이다.

불굴의 혁명열사 충남도당위원장 박우헌 동지

박우헌 동지는 1909년 함경북도 길주
군 출신이다. 워낙 총명해서 걸어 다니는
옥편이라 불리었다. 1929년 20살 나이에
길주청년동맹에 가입하여 동해면 집행위
원으로 활동한 것을 필두로, 합법 위상의
길주군농민조합 설립을 추진하는 역할도
맡았고, 비밀결사에도 참여했다. 비합법
위상의 길주군 전위그룹에 들어가 사회
주의 비밀결사의 확장에 노력했다.

박우헌. 1939년 4월 17일 서대
문교도소에서 촬영한 수감자
식별용 사진. 국사편찬위원회

1931년 일제 경찰에 의해 청진교도소
에서 6개월간 복역, 이후 농민운동을 하다가 1934년 3월 체포되었으
나 명천경찰서에서 탈옥에 성공하기도 했다. 이후 1936년 12월 길주
경찰서 경찰대에 체포되어 12년 형을 받고 서대문교도소에 수감되었
다. 1945년 8.15 해방을 맞아 전주교도소에서 출감했다.

출옥 후 박영발 동지, 방준표 동지들과 같이 모스크바 공산대학 재학 중에 위대한 조국해방전쟁 때 학업을 중단하고 충남도당위원장으로 당 중앙의 부임을 받고 내려왔다.

1950년 9.28 일시적 후퇴를 맞아 비합법적인 빨치산 체제로 전환하여 충남도당위원장이자 충남 빨치산 총사령관으로서 빨치산 투쟁을 지도했다.

1948년 유학을 앞둔 39살 박우현. 러시아사회정치사기록원

충남 빨치산 투쟁을 다른 도에 못지않게 치열하게 지도했다. 충남 빨치산은 대둔산, 서대산을 중심으로 적들과의 투쟁에서 용감하게 잘 싸웠다.

박우헌 동지 일행은 1953년까지 남아 투쟁하였다. 그런 과정에 청원군 가덕면 내암리 참새골 비트에서 생포 당했다.

적들이 생포자를 끌고 내려오는데 박우헌 동지는 잠깐 머물러달라 하고서 머리를 바위에 박아 자결했다고 한다. 이때 위원장 보위병으로 있었던 김종하 동지는 비트 옆에 삼각 바위가 있는데 이 바위를 등지고 전투를 벌여 살아났다.

김종하 동지는 인민군 출신으로 위원장 보위병으로 용감하게 잘 싸워 영웅 칭호까지 받았다. 김종하 동지는 1955년 소조로 남아 천안에서 체포되었다.

김종하 동지와 함께 현장을 한번 가 보았다. 그때 당시 논산면에서 의료원 원장하던 김○○ 의사가 있는데 이 동지는 대학 다닐 때 빨치산 투쟁에서 희생된 죽은 시체를 해부해서 실제 경험을 얻었다고 했다. 이 과정을 통해 우리에 대해서 깊은 관심을 갖게 되어 우리 편이 되었다고 한다. 그래서 빨치산 답사를 다니며 동영상과 사진도 찍는다는 것이다. 지금은 모두 돌아가시고 없지만 옛 추억은 남아있다.

잊고 있다가 오늘에야 전국답사반을 하다 보니 충남 빨치산 출신들은 다 죽고 한 사람도 아는 사람이 없다. 그러나 박우헌 위원장 동지 희생지를 찾아 추모제라도 지내주는 것이 마땅한 도리라 생각하고 동지들과 함께 2023년 12월 3일에 희생지를 찾아 추모제를 지냈다.

내가 보위했던 간부 동지들은 5명인데 모두 자결 또는 희생당하였다. 지금도 눈에 선하게 회상되고 있다.

조선의 오페라 가수 최순희 동무

　최순희 동무는 1924년 2월 10일(음력)에 러시아 하바롭스크에서 출생했다. 부친이 조선 독립운동을 위해 망명해서 그곳에 머물러 있었기 때문이다. 아버지 고향은 강원도 고성군 온정리라고 한다.

　이화여대에서 음대를 졸업하고 일본 유학도 했다. 그래서 해방된 조국에서 유명한 오페라 가수로서 왕성하게 활약했다고 한다. 최순희 동무는 결혼했는데 남편은 1949년도에 암에 걸려 사망했으며 당시 아들 하나 낳았는데 6살이었다고 한다.

　1950년 8월에 전남광주예술동맹 감독으로 임명받고 내려오다가 9.28 일시적인 후퇴를 당하여 부임하지 못하고 전주 완산군당에 있다가 북상하려고

젊은 시절 최순희. 조성봉 감독 제공

◆ 귀순권유삐라(피아노를 치는 최순희동지)

◆ 귀순권유삐라(최순희여사)

◆ 귀순권유삐라의 뒷면(최순희)

최순희 삐라

덕유산에 들어갔으나 길이 막혀 다시 지리산으로 들어가 경남도당에 있었다.

이현상 선생의 소환으로 이현상부대 문화지도원으로 활동하게 되었다.

1951년 적들의 대대적인 공세로 인하여 대성골에서 수많은 동지가 희생당하는 와중에 1952년 2월에 체포당했다. 체포된 후 적들은 유명한 오페라 가수이기 때문에 이용하려고 회유와 압박을 가하였다.

적들은 권총을 들고 최순희 동무를 협박하여 피아노를 치게 했다. 그리고 그 사진으로 귀순을 권유하는 삐라로 만들어서 뿌렸다. 최순희 동무는 이 일로 평생 괴로움에 시달렸다.

피 한방울까지도 바치겠다고 한 맹서를 배신했다고 스스로 자책했다. 그 때 손 들고 나올 때 죽었어야 했다고….

출옥 후 최순희 동무는 일체 외부의 접촉을 끊고 자기 성찰을 위하여 원래 자기 전공인 피아노 개인 학습 강사를 하며 일정한 자금을 마련하였다. 여의도에 아파트 27평짜리 집을 마련하여 경제적으로 안정된 생활을 하게 되었다.

자신이 할 수 있는 것은 조국과 자주독립을 위해 미 제국주의와 투쟁 속에서 산화하여간 동지들을 마음속에 품고 지리산 골짜기를 두루 밟으면서 속죄를 하는 것이었다.

최순희 동무는 1980년부터는 한해도 거르지 않고 9월 18일 지리산 빗점골 이현상 선생 희생지를 찾아 제를 올리기도 했다.

서울에서 손수 제찬을 만들어 기차 타고 구례구역에 내려 택시를 타고 빗점골 삼정마을까지 가고, 산길을 걸어서 이현상 선생 희생지까지 가서 제를 올리는 정성을 보임으로써 많은 동지와 인사들에게 깊은 감동을 주기도 했다. 최순희 동무는 2010년 마지막 활동할 수 없을 때까지 정성을 다했다.

일산 복음병원에 입원해 있다가 2015년 11월 21일 10시 20분에 파란 많은 세상을 하직하게 되었다. 입원한 지 2년 7개월 만이었다.

마지막 운명할 때 유족은 하나도 없고 병원 관계자들만 있었다고 했다. 최순희 동무는 남쪽 땅에 조카 3남매가 살고 있었다. 남 조카는 미국에 살고 있었으며 여 조카 둘은 남쪽 땅에 살고 있었다.

조카딸 둘은 김애란과 혜경인데 병원에 입원했을 때 마지막 운명하는 날까지 간병해 주었다 한다.

미국에 사는 남 조카는 운명하기 전에 여의도에 살 때 왔다 갔으나 이번 장례식장에는 오지 못하고 조카딸 둘만 영안실을 지켰다.

최순희 동무는 양아들 하나를 두었는데 광주에서 관광사업을 하는 정오승 씨였다. 정 씨는 어쩌다 한 번씩 찾아오거나 지리산 빗점골에서 이현상 선생 제를 올리거나 할 때 구례에 와서 최순희 양어머님을 택시에 태우고 갔다 오기도 했다.

2010년부터 바깥출입을 접고 집에서 휴양할 때부터 병원에 입원해 돌아가실 때까지 서울의 이성수 씨가 소개를 받고 지금까지 매년 9월 18일 빗점골을 찾아 제를 올리기도 하는 와중에 최순희 동무의 사망을 접하게 되었다. 그래서 이성수 씨가 영안실도 조카를 대신해 양아들로서 상주 역할을 담당하고 사후 처리까지도 책임지고 소임을 다하였다.

최순희 동무는 평소 알고 지내던 덕현 스님 한 분이 있었는데 최순희 동무의 정신적 지주 역할을 했다고 한다. 그래서인지 영안실을 지키면서 극락왕생하시라고 불공을 드리기도 했다.

임종 전에 한번 찾아왔는데 유언하기를 "내가 죽거던 화장해서 그 유분을 지리산 노고단에서부터 천왕봉까지 뿌려달라"고 했다고 한다.

고인의 유언에 따라 유족들과 양아들 그리고 조성봉 감독과 상의해서 그 유분을 지리산 노고단에 일부를 뿌리고 나머지는 빗점골에 뿌리기로 결정했다.

11월 28일에 뿌릴 예정이었으나 지리산에 눈이 많이 와서 성삼재까지 교통이 통제되는 바람에 12월 6일에 노고단 상봉에 일부 뿌리고 빗점골 수림에 뿌렸다.

마지막 가는 길에 양아들 이성수 씨를 비롯한 12~13명이 함께 했다.

필자는 살아생전에 두 번 만나 빗점골 이현상 선생 추모제에 같이 가서 지낸 일이 있으며 그전에도 손영심 동무의 소개로 알기도 했으며 하종구 선생을 통해 추모제를 지내 오고 있다는 소식을 듣기도 했다.

살아 있을 때 받은 인상은 여간해서 외부의 사람과 접촉을 꺼린다는 것과 한 번에 커피를 5~6봉씩 타서 마시는 것이고 살아생전에 자기 자서전을 쓰고 있는데 출판하면 한 권 주겠다고 구두 약속을 했는데 살아생전에 지키지 못하고 가신 것을 매우 애달프게 생각하고 있다.

이젠 이현상부대에 있었던 동지들은 다 죽고 97세인 이옥자 여성 선생만 남아있다.

참으로 하는 일 없이 오래 산 것 같다.

최순희 동무시여!

이제 못다한 과업은 후대에게 맡기고 동무의 살아생전의 경험과 교훈은 후대들의 거울이 될 것이니 모든 아픈 시름을 다 잊으시고 자주민족통일 길 위에서 영생하기를 바랍니다.

최순희 여사는 살아생전에 작사 작곡한 〈지리산 꽃〉을 다음같이 남기고 가셨다.

철쭉이 피고 지던 반야봉 기슭엔
오늘도 옛 같이 안개만이 서렸구나
피아골 바람 속에 연하천 가슴속에
아직도 맺힌 한을 풀길 없이 헤매누나
아 아 그 옛날 꿈을 안고 희망 안고
한마디 말도 없이 쓰러져 간 푸른 님아
오늘도 반야봉엔 궂은 비만 내리누나.

추성동 감도는 칠선의 여울 속에
굽이굽이 서린 한이 깊이도 잠겼구나
거림아 대성골아 잔돌의 넓은 벌가
너는 알지 눈보라가 울부짖던 그 밤들을
아 아 그 옛날 꿈을 안고 희망 안고
한마디 말도 없이 쓰러져 간 푸른 님아
오늘도 천왕봉에 하염없이 눈이 내리누나.

이 노래 가사는 지리산에서 쓰러져 간 전우들을 생각하면서 쓴 것이다. 이제 최순희 동무가 직접 피아노 치면서 부른 노래만이 남아 후대들에게 심금을 울려 주고 있다. 님은 갔어도 노래만은 영원히 불러주리라.

참고로 매년 조성봉 감독 진달래산천팀은 빗점골을 찾아 이현상 선생 추모제를 지낸 후 최순희 여사도 찾아 제를 올리고 있다.

불굴의 혁명 열사인 박찬봉 동지

박찬봉 동지는 경기도에서 출생했다. 희생될 당시 동지의 나이는 40 대였다.

박찬봉 동지는 전쟁 전에 경기도당 부위원장을 하다가 1949년에 김선우 동지가 전남도당 부위원장이 되고 박찬봉 동지는 조직부장으로 부임하였다.

1949년에 중앙과 선 연결을 책임지고 월북하다가 전북 순창에서 변절자에 의하여 체포당하였다. 그리하여 광주교도소 미결사에 수용되었다.

1950년 조국전쟁이 발발하자 미제의 사주를 받은 이승만 졸도에 의한 전국에서 학살 만행이 발생했는데 광주교도소도 예외가 될 수 없었다.

인민군에 의한 포탄이 떨어지자 당시 광주교도소는 좌익 재소자들을 차례로 불러내 꽁꽁 묶어서 트럭에 싣고 나가 학살을 하다가 중단되어 살아났다는 소식을 필자가 보위하고 있는 사이 말씀해 주어서 알게 되었다.

당시 미결사에서는 최후 판 갈이 싸움이라 생각하고 결전을 준비하고 있었다고 한다. 당시 문을 따면 최후 투쟁할 결심으로 문짝만 바라보고 있었다.

그런 와중에 간수가 문을 따서 살아나왔는데 박찬봉 동지가 묶여놓은 상태로 나왔을 땐 간수들은 다 도망가고 없었다고 한다.

그리하여 인민군에 의한 합법 세상을 맞이하여 중앙당으로부터 전남도당 조직부장으로 임명을 받고 조직지도사업을 전개했다.

1950년 9.28 일시적 전략 전술적인 후퇴를 맞아 재입산 하여 합법적인 당 체제를 비합법적인 빨치산 체제로 재편하게 되었다.

전남도당부가 백아산에 있을 때인 1951년 5월에 당 조직부장을 3지구당위원장이었던 김용우 동지에게 물려주고 도인인민위원회 부위원장인 동시에 국제평화투쟁(평투) 연대가 조직되어 있었는데 평투 부위원장이 되었다. 위원장은 박영발 동지였다.

전남도당이 광양 백운산 88트에 있을 때 1951년 적들의 대대적인 동기 공세를 승리로 치른 후 당시 보위병이 둘 있었으나 모두 전사하여 보위병이 필요해졌다. 박영발 위원장 동지는 나에게 적들의 대대적인 공세 때 잘 싸웠으니 박찬봉 동지를 보위하라고 해서 박찬봉 동지를 보위하게 되었다. 박찬봉 동지는 적들에게 체포당하여 고문을 많이 당하였기 때문에 하체를 마음대로 쓰지 못했다.

그리하여 1952년 4월 5일에 지리산 전투지구당부가 새로 창설되어 백운산에서 지리산으로 가게 되었다. 당시 지리산 전투당부 위원장은 박찬봉 동지였다. 부위원장은 윤기남 동지였다.

박찬봉 동지를 보위하고 지리산 빗점골 이현상 아지트를 찾아가 처음 뵈었다. 지금도 기억하는 이현상 사령관은 인민군 장교모를 쓰고 있고 의복도 장교복이었다.

당시 지리산 전투지구당부는 문수골에 있었으며 구례군당 트도 그 옆에 있었고, 지리산부대는 지구당부 밑에 있었다. 적들이 올라올 때는 뒷능선 넘어 피아골에 잠복했다가 적들이 빠지면 다시 문수골 트로 넘어오곤 했다.

당시 지구당 성원들은 20여 명 되었다. 조직선전 지도원 동지들은 도당학교 학생들이다.

1952년 여름부터는 문수골에 아지트를 못 쓰고 피아골에 쓰다가 대소골에 썼다.

문수골에 아지트를 쓰고 있을 때 이현상부대에서 서기장을 했던 김영재 동지도 동기 공세 때 살아남아 지구당 트에서 몸보신하다가 백운산 도당부로 갈 때는 전라남도 도인민위원장으로 갔다. 그 후에 고진희 동지도 이현상부대에서 살아남아 지구당부에 있다가 백운산 도당으로 갈 때 전남도 여맹위원장으로 갔다.

1952년 가을에 지리산 삼도봉 및 피아골에 제5지구당이 있을 때 생포된 연락원의 변절에 의한 기습으로 선전부장을 비롯한 4명의 희생을 당한 것을 보고 박 위원장을 보위하고 5지구당 아지트를 찾아가는 도중에 조직부장이었던 조병하 동지를 만나 자초지종을 알게 되었다.

그 후 지리산 반야봉 및 대소골에 아지트를 쓰고 있을 때인 1952년 말에 눈이 많이 와서 푹푹 쌓였다. 그런 중에 지리산 뱀사골 방준표 위원장 동지를 찾아가기 위해서 남원군당을 찾아갔으나 눈 족적 때문에 갈 수 없다고 해서 접고 돌아온 사실이 있었다. 그 후 방준표 위원장 동지가 알고서 일부러 찾아온 것을 돌려보낸 것을 나무랐다는 소식을 접하기도 했다. 그 후는 한 번도 뵙지 못했다.

박찬봉 동지는 제5지구당 유격지도부장으로 가는 바람에 그때부터 1953년 1월까지 보위했다가 지리산 전투지구당부가 백운산 도당부로 소환되는 바람에 갈리어 백운산으로 오게 되었다.

그 후 소식은 조선에서 미제의 박헌영 이승엽 고용간첩단 사건이 발생하여 당 중앙과 선 연결이 두절된 상태 속에서 5지구당 자체 조직위원회를 소집하여 간부 5명이 평당원으로 나 앉으며 해체되고 말았다.

그리하여 박찬봉 동지는 경남도당 부위원장을 맡아 가고 위원장은 조병하 동지가 맡게 되었다.

그 후 박찬봉 동지는 당부위원장으로서 경남 북부지구당 위원장을 맡고 사업을 하게 되었다. 북부지구당은 덕유산에 있었다.

정전 후 일선 적의 정규 군대가 소위 빨치산 토벌에 동원되어 빨치산 토벌 작전 중 덕유산 월성골에서 최후를 맞아 당시 보위병에게 "동무는 살아 나가 이 사실을 알려주기 바란다"는 말을 남기고 자결로 최후를 마감했다는 소식을 남원수용소에 있을 때 우연하게 한 천막에서 만나 자초지종을 듣게 되었다.

불굴의 혁명열사인 박찬봉 동지시여!

동지의 일생은 항일 빨치산 투쟁 정신을 계승한 민족해방투쟁 역사이며 조선 인민의 철천지원수인 미제를 구축하기 위한 처절한 빨치산 투쟁에서 몸과 맘을 다 바친 투쟁지도 정신은 민족투쟁 역사에 길이 남을 것입니다. 덕유산 빨치산 투쟁의 처절한 참모습은 망봉에서 희생된 조선노동당 전북도당위원장인 방준표 동지와 함께 길이 남을 것입니다.

이젠 모든 아픈 시름은 후대가 이어갈 것이니 다 잊으시고 자주 통일의 길 위에서 영생하기 바랍니다.

불굴의 혁명열사 박갑출 동지

전남도당의 최후는 어떻게 마감되었는가?

박갑출 동지는 화순 출생으로 화순탄광 노조위원장으로서 노동운동을 가열차게 전개한 노동운동가의 기본 출신이다.

1950년 7.23 해방 공간 때 화순 군당위원장으로서 조직지도 사업을 전개했다.

9.28 후퇴 후 입산해 백운산 도당학교 수업 중 적들의 제1차 대공세를 맞아 불행하게도 적들에게 체포되었다. 그러나 산상에서 적들의 허술한 틈을 이용해 탈출에 성공했다. 참으로 영웅적 투쟁의 산 경험의 모습이었다.

박갑출 동지는 탈출 후 도당지도부 보위대 성원으로 M1을 들고 1차 공세를 승리로 마감했다. 당시 박영발 도당위원장 동지는 적들의 대공세가 끝난 후 도당부위원장으로 임명해 전남 서부지구 책임을 지고 지하 공작사업을 전개케 했다.

불행하게도 1955년 3월 3일 지하 비트가 발각돼 희생되는 아픈 기록을 남기었다.

우리 답사팀은 수십 년이 흐른 뒤에 희생지를 찾았다.

여기에는 당시 적들에게 비트가 발각돼 희생되는 상황을 가까운 발치에서 지켜 본 당시 14세의 소년이었던 정영동 씨를 모시고 희생되었던 현장을 찾았다. 여기에는 양성애 여성 동지, 박동기 선생, 김명희 교수 그리고 필자가 함께했다.

가는 도중 양성애 동지가 마지막 체포되었던 산을 둘러보고 드디어 현장을 갔다.

화순군 동면 경치리 산별골(정박골이라도 함)의 밭두렁 가 옆 밑 산죽밭 경사 급한 곳 중간 지점에서 아지트를 찾았다.

이 비트 안에서 박갑출 도당부위원장, 박응현 여성 동지, 박소향 여성 동지, 호위병 이렇게 4명이 희생되었다.

어떻게 해서 비트가 발각되었는가?

소위 토벌대들이 하산하는 과정에서 정박골 밭두렁가 가까이 오고 있는데 마침 토끼 한 마리가 산죽조릿대 속으로 들어가는 것을 보고 토벌대 한 놈이 잡으려고 경사진 산죽밭을 내려가는데 삭은 나무하나를 잡았다가 그만 뒹굴어서 공교롭게도 비트 위에 떨어졌다.

비트 안에 있던 동지들은 비트가 발각된 줄 알고 가지고 있던 서류를 불사르고 수류탄으로 자폭했다고 한다.

우연히 발견한 놈들은 비트를 파헤치고 시신을 끌어내 가마니에 두루 말아 차에 싣고 갔다고 했다. 이때 놈들은 박소향의 머리채를 붙잡고 꺼내어 죽은 임산부 배 위를 군홧발로 짓밟는 만행을 저질렀다고 한다.

토벌대들은 주위에 비트가 더 있을 것으로 보고 수색하는 과정에서 20~30m 떨어진 개울가 비트도 발각되었다. 산죽밭 밑으로는 개울물이 흘러내리고 있었다.

이 비트에서는 장삼례[34], 김병국[35] 등은 손을 들고 나와 체포되었다고 했다.

위의 모든 장면을 지켜보았던 정영동 씨는 그때의 참상을 설명하면서 말을 잇지 못하고 눈시울 적시기도 했다. 이로써 말로만 무성했던 박갑출 동지 일행의 최후를 좀 상세히 알게 되었다.

1955년 3월 3일 마지막으로 위 동지들의 희생으로 말미암아 전남 빨치산 투쟁은 종막을 고하는 아픔을 겪게 되었다.

박갑출 동지는 재산시 영웅 칭호도 받았다.

필자는 백운산에 있을 때 박갑출 동지와 함께 M1 소총을 들고 보위대원으로 활동하며 마지막 동기 공세를 같이 겪었기 때문에 조금 알게 되었다.

전남도당의 지하 조직망이 마지막 파괴되는 순간은 박 동지의 희생

---

34) 정삼례: 전남도 여맹 부위원장
35) 김병국: 인민군 출신으로 백운산 남태준부대 부대장

으로부터 시작되었다.

참으로 두고두고 아픈 맘을 금치 못하고 있다.

과연 한 지도자의 죽음이 역사를 진보하게도, 퇴보하게도 하는 것인가를 생각게 한다.

투쟁의 역사는 위대한 영도자를 모시고 있느냐에 따라 결정적 영향을 받는다는 것을 일깨워주고 있다.

시신도 찾을 길 없어 구천에 떠돌고 있을 것을 생각하니 맘이 무겁다. 박갑출 혁명열사 동지의 위업을 받아 안고 미제를 몰아내는 투쟁만이 희생에 보답하는 길이라 다짐하면서 조국통일의 길 위에서 영생하기를 기원한다.

불굴의 혁명열사 리방휴 동지

리방휴 동지는 전남 화순군 도곡면에서 출생했다.

리방휴 동지는 구빨찌로서 조국전쟁 전에는 당 군사간부로서 활동했다. 인민군대에 의한 해방 세상을 맞이했을 때 전남도당부 노동부장을 했다.

1950년 9.28 일시적 후퇴를 맞이해서 북상하다가 추풍령에서 되돌아왔다. 리방휴 동지는 위대한 조국해방전쟁 시기에 생사를 가리지 않고 치열하게 싸우고 있는데 나만 북상할 수 없다는 결심을 품고 단호하게 결단하여 전남도당으로 다시 내려왔다.

이를 알게 된 박영발 도당위원장 동지는 기특하게 생각했다. 그리하여 위원장 동지의 두터운 신임을 받게 되었다.

누구나 후퇴 때 북상하려고 하는데 사선에서 싸우겠다는 투철한 의지는 당시 사정을 이해한다면 쉬운 판단이 아니었다. 그 많은 동지가 죽음을 각오하고 싸우고 있었지만 전세는 매우 불리해지고 있었다. 그런 후퇴 시기에도 촌각도 헛되이 보내지 않고 조국과 인민을 위하여 철천지원수인 미제국주의 세력들을 몰아내기 위하여 싸우겠다는 의지가 절대적으로 필요한 정세였지만, 누구나 확고한 투쟁 결심을 가질 수 없었던 시대였다. 그러나 리방휴 동지는 전쟁의 불길 속으로 뛰어들었다.

리방휴 동지는 전남 불갑산 전투지구당부가 결성되었을 때 도당 오르그org로서 불갑산 지구당부에 위원장인 김용우 동지와 같이 있으면서 1951년 2월 20일 불갑산 작전 때 당 지도부와 같이 땅굴 아지트에 있다가 살아남았다.

불갑산 2.20 작전 후 재탈환을 시도했으나 실패하고 유치내산으로 이동했다.

그 후 1951년 4월 20일 기존의 전남 장흥 유치내산 지구와 합쳐서 전남도당 제3지구당이 되었는데 제3지구당 위원장 김용우 동지가 도당조직부장으로 소환당하여 백아산으로 갔을 때 그 후임으로 리방휴 동지는 제3지구당 위원장이 되었다.

이때부터 리방휴 위원장을 보위하게 되었다.

리방휴 동지는 도당부위원장이 되어 전남도당 서부지구를 맡게 되었다.

1951년 8월경 적들의 대대적인 토벌작전에서 제3지구당이 유치내산 가마터 고지 부근에 있을 때였다. 적들이 다방면에서 포위 공격해오는 과정에 무지개재까지 후퇴했으나 더 이상 방어하지 못하고 영암 월출산으로 후퇴할 수밖에 없었다. 적들이 후퇴 길을 차단하여 일부는 빠져나갔으나 주력부대는 빠져나가지 못했다. 유일한 방법은 무지개

재의 암태재능선을 올라야 생명을 구할 수 있었다. 그 능선으로 오르면서 우리 동지들이 많은 희생을 당했다. 당시 완도군 당위원장이 내 옆에 있다가 적들의 집중사격에 희생되는 것을 보면서 능선을 무사히 올랐는데 당시 지구사 총참모장과 단 둘이 만났다.

능선 넘어 골짝으로 후퇴하는 과정에 적들은 수색 작전을 펼치면서 능선에서 내려오고 있었다

숲속에서 총참모장 동지와 최후까지 싸우다 희생될 각오를 하고 있는데 옆에까지 왔다. 우리는 발각되면 갈겨대기로 하고 초긴장 속에서 기다리고 있는 중 적들이 고지에서 퇴각 호루라기 소리가 나니 후퇴해 올라가는 바람에 살아남았다.

당시 지구당에서는 집합된 소수 인원만 있었는데 위원장 동지는 내가 희생되었다고 하는 중에 지구당 트에 도착했다. 얼마나 반갑게 맞이하는지 모른다.

그 후 가마태 고지는 적들이 올라왔다 하면 진을 치고 있어 지구사 14연대와 총사 3연대가 매일 밤 기습작전을 펼쳤으나 동무들 희생만 낼 뿐 함락시키지 못했다.

유치내산에서 도당 연락선이 화학산을 거쳐 상부에 올라가는 선이다. 그 길목에 적들은 가마태 고지에 토치카[36]를 완벽하게 구축하고

---

36) 토치카: 러시아어 tochka. 총이나 포로 적을 공격하는 동시에 적의 공격으로부터 전투원을 보호하도록 만들어진 엄폐 진지를 가리킨다.

가마터 고지 ⓒ 조성봉

있었다.

당시 화학산은 1951년 3월 18일에 이청송 남해여단장이 희생된 곳이자, 전남 총사령관 최현 동지가 희생된 산이며, 1951년 4월 20일 전투에서 수백 명이 희생되고 생포당했던 처절한 산이기도 하다.

그 후 1951년 11월 28일에 리방휴 위원장은 나에게 자기 밑에만 있으면 발전할 수 없으니 백운산에 민청학원이 있는데 가서 공부 열심히 해서 훌륭한 사람이 되라고 추천해서 정들었던 유치내산 동무들의 곁을 떠나 백운산을 향하게 되었다. 그때 정들었던 동지들의 곁을 떠나게 되어 눈물을 흘리었다.

그 후 리방휴 동지는 1953년도에 비트가 발각되어 최후까지 싸우다 자결로써 희생당하였다. 위원장 동지 희생으로 제3지구는 종막을 고

하는 아픈 기록을 남기었다.

불굴의 혁명열사 리방휴 동지시여!

동지의 일생은 일제로부터 미제국주의 침략을 받아 위대한 조국해방전쟁 전후 시기에 투철한 항일혁명 전통을 계승하는 처절한 투쟁에서 몸과 맘을 바친 불굴의 혁명열사로서 '전남빨치산사'에 한 페이지를 남긴 투사로서의 기록을 다른 동지들과 함께 남기셨습니다.

이젠 모든 아픈 시름을 후대에게 맡기고 자주통일의 길 위에서 영생하기를 바랍니다.

제가 비전향 장기수의 한 사람으로서 2000년 9월 2일에 63명이 신념의 고향으로 갈 때 올라가지 않은 것도 동지의 신념을 언제나 마음속에 품고 있었기 때문입니다.

불굴의 혁명 투사 김병억 동지

김병억 동지는 1929년에 장성군 북하면 용두리에서 5남 5녀 중 2남으로 출생했다.

동지는 장성중학교를 다녔고 18세에 입산하여 빨치산 투쟁을 가열차게 전개했다.

1950년 7월 23일 인민군에 의한 해방공간 시대에는 장성군당위원장을 했다. 당시 22세 나이에 군당위원장을 할 정도로 뛰어난 두뇌와 용맹한 전투력을 가진 정치 군사 간부의 모범을 창조한 지도 일꾼임을 증명해 주었다.

그렇기 때문에 1950년 9.28 후퇴를 맞아 합법 체제에서 비합법 체제로 전환했을 때 노령지구 사령관(노령병단)으로서 담양 가마골에 일시적 해방구를 두고 있을 때 전북 빨치산 무장 부대와 합동작전을 지휘하며 영광 해방작전에 명성을 떨치기도 했다.

입산 초기 고향의 계양산 원능선에 올라서 영광읍 뒷산인 물무산을 바라보기도 했다. 원능선을 타고 가면 장안산을 거쳐 태청산으로 들어

산나.

1951년 1월 마을 인민들에게 조금만 참고 견디면 영광에 다시 해방 세상이 온다고 얘기할 때가 벌써 72년이 되고 있다. 그때는 조국 정세가 이렇게 길고 험난할 줄 몰랐다.

당시 노령지구당 위원장은 합법 때 광주시당위원장이었던 김채윤 동지였다. 전남 노령지구는 영광 담양 장성군당을 관할하는 전남도당 산하 지구당 중의 하나다.

전북 무장 부대와 합동작전이 가능했던 것은 유격 근거지가 경계를 이루고 있고, 당시 회문산과 여분산 등지에서 일시적인 해방구, 반해 방구를 쓰고 맹렬한 무장투쟁이 전개되고 있는 상황이었기 때문에 다른 유격지구보다 합동작전이 치열하게 전개되었다.

김병억 동지는 1954년까지 유격투쟁을 전개하는 과정에서 살아남아 광산 임곡면 모 지하 아지트에 있다가 변절자에 의해 비트가 탄로나 적들과 대치 속에 최후까지 싸우다 7월 21일 자결로 희생되었다.

자결 이후 놈들이 장성경찰서 앞에 피범벅이 된 시신을 거적때기에 몰아서 와 당시 살아 있는 유족들에게 보여 확인 후 공동묘지에 안장했다.

수십 년이 흘러 공동묘지가 재개발지역으로 개발되어 지금 보해 양조장이 들어선 지대이며 동시에 농업학교 언저리라고 한다.

유족들은 재개발될 때 유해를 찾아 매장할 형편이 되지 못한 상황에서 어떻게 처리했는지 지금껏 모르는 안타까움을 남기고 있다.

김병억 동지도 재산 시 영웅 칭호를 받았다.

지금은 당시 3살이었던 조카가 살아남아 매년 제를 올리고 있다고 한다. 현재 서울의 성수동에 살고 있어 조만간에 만나기로 약속했다.

노령지구 당위원장이었던 김채윤 동지는 1951년 동기 공세 때 체포되어 광주포로수용소에 감금되었다가 놈들의 감시가 허술한 틈을 이용해 탈출에 성공하여 광양 백운산 도당부에 들어왔다.

일정한 심사를 거친 후 당시 도당 직속부대인 전남연대 정치지도원을 하다 여수 지하로 내려갔다. 공작을 사업하다 적들에게 탄로돼 1953년 6월 희생되었다.

여기까지 아는 범위 내에서 기록하고 있으니 앞으로 더 구체적으로 알아내면 보충할 것을 전제로 하고 있으니 참고하기 바란다.

참고로 현재 사촌 동생인 김병욱 명예교수님도 아는 대로 증언하고 있다. 그의 형인 김병일 동지도 장성군당 선전부장을 하다 1951년 2월에 희생되었다고 한다. 그리고 노령학원 터 앞에 김병억 동지를 기리는 표지판도 세워져 있다고 하는데 학원 답사 때 미처 확인하지 못했다.

백절불굴의 혁명투사 김병억 동지시어!

조국과 민족을 위한 투쟁을 영웅적으로 전개하다 한창 더 일할 나이에 한 줌의 흙으로 산화하여 간 동지의 투쟁 업적은 빨치산 투쟁사에 빛나는 발자국을 남겼습니다.

동지의 불굴의 투쟁정신은 우리 후대들이 경험과 교훈을 받들어 길이길이 새길 것이니 모든 아픈 시름을 다 잊으시고 조국통일의 길 위에서 영생하기를 바랍니다.

백절불굴의 혁명투사 류석우 동지

류석우 동지는 전남 나주군 금천면 출신으로 알고 있다.

구빨찌 출신으로 필자가 입산해 불갑지구당부에 있을 때 지구당 부위원장으로 있었다.

1951년 2월 20일 불갑산에서 전투를 치르고 새벽 2시에 나주군에 있는 금성산으로 남은 지구당 성원들이 이동할 때 총책임자였다.

불갑산은 연락 거점만을 남기고 다시는 유격투쟁을 할 수 없어 불갑산 지구당이 모두 장흥에 있는 유치내산으로 옮기게 되었다. 그리하여 불갑지구당과 유치지구당이 1951년 4월 20일 화순군에 있는 화학산 각수바위 능선에서 양 지구당 지도부가 만나 합치는 방안을 논의할 때 류석우 부위원장 동지는 남은 지구당 성원들을 책임지고 통솔하기 위하여 화학산 골짜기에 잠복해 있었다.

전세는 오후 2시경까지는 방어했으나 화학산 상봉 넘어 화순에 철도를 이용해서 학도병들을 곱으로 실어다 퍼부어 화학산 윈능선에 올라 우리 무장대와 격렬한 싸움을 하였다. 우리는 실탄 부족으로 분산

화학산 각수바위 ⓒ 최연종

후퇴를 하는 바람에 적들은 윗능선을 점령하고 박격포 중기 경기 등 뻔히 보이는 곳에서 집중사격을 가하여 우리 동무들이 삼대같이 쓰러지기 시작했다.

이런 때에 류석우 부위원장 동지는 단 한 사람이라도 살아 나가야 해서 배낭은 낙엽 속에 묻고 간편한 몸 상태로 분산해서 탈출을 시도했으나, 결국 불갑지구당 성원들은 포위망을 빠져나오지 못하고 필자만 살아나오고 모두 전사했다.

당시에는 비무장 성원들이기 때문에 싸워보지도 못하고 적들의 총탄에 전사한 것이었다.

이때 필자는 살아나와 4월 21일 오후에 김용우 위원장 동지를 비롯한 각수바위 능선에 있던 동지들만 살아 있어서 무지개재 능선에서 적정을 살펴본바 오후 4시경 되니 적들이 빠져나간 것 같아 전사한 지구당 동지들 시신이라도 묻어 주기 위해서 가마니, 괭이, 삽을 들고 경각성을 높이며 찾아갔다.

능선에 두 군데서 30여 명씩 무더기로 죽어서 그 흘린 피가 폭 70~80m 간격으로 능선에서 골짝으로 4월에 돋아난 풀잎을 쓰러뜨렸다. 마치 홍수 져서 갈대숲을 쓰러뜨린 것 같이 흘러내린 자국이 빨갛게 뭉쳐있는 것을 보았다. 지구당 성원들이 전사한 골짜기를 내려가는데 '영승이'를 부르는 소리가 들렸다. 가만히 귀를 기울이고 들어보니 부위원장 목소리가 처량하게 들렸다.

그래서 소리 나는 쪽을 향해서 가서 보니 개울가 숲속에 류석우 부위원장 동지가 쓰러져 있었다. 해는 지고 캄캄했다. 별빛만 총총히 빛나고 있었다.

그래서 우선 살아있는 부위원장 동지를 모셔야 하겠다는 결심을 굳히고 가마니로 들것으로 만들어서 부위원장 동지를 모시고 나주 다도면 도동리 도롱굴 마을 지구당 트에 모셨다.

도롱굴 마을 개울가에 비트를 파서 그 비트 안에서 약 한 달간 간병했다. 그 과정에 당시 상황을 이야기해 알게 되었다.

유치내산에 있는 당 조직과 각종 단체의 동무들이 화학산에 집중된 사실을 적들이 정보망을 통해 알았다. 그러므로 적들도 화학산에 집중하였다. 동나주군당 단체들은 화학산에 집중하지 않아 살아남을 수 있었다.

류석우 부위원장 동지는 4월 20일 첫날 집중 포격 당해 우측 허벅지를 맞아 뼈가 부서졌다. 직들은 수색 작전을 통해 배낭에 비장한 쌀 한두 박을 탈탈 털어서 내버렸다. 골짜기에는 걸레처럼 무명 조각이 널려 있었다. 그나마 양 팔은 쓸 수 있기 때문에 땅에 흘린 쌀을 한 움큼 주어서 무명 헝겊으로 쌌다. 또한 무명베 조각을 찢어서 끈으로 만들어 헝겊에 싼 쌀을 개울물에 담갔다가 끈을 당기어 목마를 때 한 모금씩 먹었다고 한다.

총을 맞고 피를 많이 흘리면 물을 먹고 싶은 마음이 꿀 같은데 참고 견디었다고 했다. 피를 많이 흘리고 물을 마시면 죽는다고 말했지만, 목이 마르는 것을 참지 못하고 개울가에 기어 내려가 물을 마시고 죽는 동무들이 많았다고 했다.

그리고 숲속에서 죽으면 어느 숲속에서 죽었는지 모르기 때문에 개울가 길가 숲속에 있으면 시신이라도 묻어 줄 동무들이 있을 거로 생각해 밤새 기어서 개울가 숲속에 왔다고 했다.

그리고 또 4월 21일 날이 새던 즈음에 적들이 수색 작전을 펼치는데 시신에도 총을 쏘고, 시신을 뒤집어 날 창으로 찌르고 이미 죽었다고 하며 일일이 그렇게 하며 오고 있었다. 이윽고 자기 자신한테 와서는 피투성이 되어 이미 죽어있다고 하니 그래도 쏘고 찔러보라고 상관 놈이 말하니 한 방 쏜 놈이 뒤집어 날 창으로 찔러서 죽은 체하니 죽었다 하고 다음 동무를 찾아가는 것을 봤다고 한다. 속담에 호랑이한테 물어 뜯겨도 제정신만 차리면 살아난다는 말이 있듯이 부위원장 동지는 적들의 무지 막대한 잔인한 총탄을 맞고도 제정신을 차리고 죽은 체하여 살아남았다.

이렇게 살아난 부위원장 동지는 적들의 침공작전에 마냥 도롱굴 마을 비트에서 치료할 수 없어서 금덕리 마지막 지점에 산 비트를 파서 만들었다. 그때부터 위원장 동지 보위병이 목포 출신인데 밤이면 찾아가 밥을 넣어주곤 했다. 두서너 달 있다가 칼빈 총을 들고 자수하는 바람에 그 비트에 그냥 놔둘 수 없었다. 지하 연락선을 통하여 금천면 지하 비트에 있다가 적들에게 탄로되어 마을 뒷산에 끌려 나가서 잔인하게 학살당했다.

불굴의 혁명열사 류석우 동지시여!

동지는 적들의 무지막지한 총탄을 맞고도 살아남은 경험과 산 교훈은 빨치산 투쟁사에 중요한 일 페이지 기록을 남기었습니다. 미제와 그 주구들을 분쇄할 때만이 동지 죽음의 참뜻을 실천으로 구현하는 길일 것입니다.

이젠 모든 아픈 시름을 다 잊으시고 조국통일 길 위에서 영생하기를 바랍니다.

백절불굴의 애국열사 이용훈 동지와 황필구 동지

이용훈 동지

이용훈 동지는 1920년 2월 29일 충북 옥천에서 출생하고 보성전문학교를 졸업했다.

1950년 9.28 일시적 후퇴 때 조선에 올라갔다가 내려와 체포되어 무기징역을 받고 대전 4사에서 비전향자로 살 때 필자와 한방에 며칠 함께 있었다. 인텔리로서 대열을 위하여 소장을 비롯한 간부들 면회 때 우리의 요구조건을 촉구하는데 언제나 앞장서서 싸웠다.

당시 따님이 서울에 살고 있었는데 매월 1회의 부친 면회를 하고 부탁한 약품도 넣어주는 성실하고 착한 따님이었다.

한방에 있을 때 출옥하면 나를 보고 사위 삼자고 농담까지 하고는 했다. 그러나 곧 전방되어 다른 방으로 갔다.

같은 사방에 있기는 했지만, 전방 된 후는 한 번도 같이 있어 본 적이 없다. 그러던 중 1973년 9월 15일에 광주교도소로 20명이 이감 갔다. 그 후 1984년 10월 23일에 목을 매여 한 많은 세상을 자결로 마감하였다.

유서에는 "통일된 조국에서 무궁한 번영을 누리시기 바라며 조용히 갑니다"라고 씌어 있었다고 한다.

박정희 정권은 전향을 강요하기 위해 처우와 환경을 최악의 것으로 악화시켰다. 견디지 못한 수감자들이 결국 전향을 하게 하기 위함이다. 당시 일상적인 주부식 문제로 동지들의 건의가 많았으나 배응찬 소장 놈은 극단적인 반공주의자로서 처우를 개선하는 대신 갖은 탄압과 압박을 가하고 있었기 때문에 이대로는 못 살겠다고 집단단식에 들어갔다.

배응찬 소장은 강제급식을 위해 경교대[37]까지 동원시켰다. 이용훈 동지는 절대로 전향할 수는 없다고 생각했다. 또한 이러한 처우 속에서는 오래 살아갈 수 없다고 결론을 내렸다. 이용훈 동지는 동지들을 위해 한목숨 바침으로써 적들의 무지막지한 처우를 해결하겠다는 결심을 갖고, 자결로써 전향 강요를 멈추고 처우를 개선할 것을 요구했다. 이용훈 동지는 언제라도 동지들을 위해 한목숨 바칠 결심을 갖고 있던 것이다.

---

37) 경교대: 경비교도대, 국가 주요 보안시설인 전국 교도소, 구치소 등의 법무부 교정 시설에서 경비 임무 및 시설 방호의 임무를 수행함을 목적으로 군복무를 하는 법무부 소속의 부대와 그에 속한 대원을 말한다.

황필구 동지

황필구 동지는 1916년 4월 13일 전북 고창에서 태어났다.

1950년 9.28 일시적 후퇴 때 방북하여 남쪽에 내려왔다가 체포되어 무기형을 받고 대전 7사 독방에 있을 때 나와 몇 방 사이에 있었다. 한 번 통방하여 인사는 나누었다.

황 동지도 적들에게 전향 강요를 위한 많은 고문을 당하기도 했다.

배응찬 소장 놈 때 처우개선을 위해 집단단식에도 동참했다.

1984년도에 이용훈 동지 자살 건이 있은 후에 적들에게 불려가서 전향 강요에 구타를 당하여 절룩거리며 감방에 들어가는 것을 본 동지도 있다. 이용훈 동지가 자살했을 때에는 집단단식을 하자고 했다.

황 동지도 전향을 절대로 할 수 없고 75세의 나이에 적들의 전향 강요에 이 이상 더 살 수 없다 생각한 나머지 동지들을 위해 한목숨 바치겠다는 각오로 한 많은 세상을 자결로써 마감했다.

지금 고창에는 친조카가 살고 있다. 시신은 고창에 있는 묘지에 안장되어 있다.

전국묘소답사반이 묘소도 확인하고 추모제를 지내기도 했다. 그런데 제1기 진실화해위원회에서는 이 두 동지에 관해서 불능 처리했다. 제2기 진실화해위원회에 또다시 제기했다. 어떻게 처리할지 기다리고 있는 중이다.

지금 미제는 일제와 윤석열을 묶어 북침 핵전쟁 연습에 광분하고 있다. 조국의 정세는 전쟁 전야의 상태 속에서 윤석열과 그 패거리들은 이념논쟁까지 일으키고 있다.

전쟁을 반대하고 평화를 외치는 인민대중들의 목소리에 귀를 기울여야 한다.

불굴의 애국열사들의 투쟁 정신을 실천으로 구현시키겠다는 결심을 천만번 다지면서 이 글을 마무리한다.

불굴의 혁명열사 권영용 동지

권영용 동지는 강진 출신으로 1950년 6.25 합법공간 때 강진군당 당중 과장을 했으며, 9.28 후퇴 후 지리산 전남도당학교 분교에서 간부양성을 위한 교육을 받는 과정에 적들의 대대적인 동기 공세로 인하여 학업을 중단하고 적과 싸워 살아남았다.

1952년 4월에 전남도당 지리산 전투지구당부가 결성되었을 때 지구당 조직부 지도원으로 활동했다.

이때부터 함께 투쟁하면서 알게 되었다.

1953년 1월에 지구당부가 백운산 전남도당부로 소환되었을 때 전남도당 88근위대 중대 정치지도원을 했다. 당시 근위중대 중대장은 우병철 동지가 했다.

전남도당의 직속연대인 전남연대가 적들과 투쟁 중에 한 개 중대 세력이 희생됨에 따라 근위중대가 전남부대로 개편되어 2중대가 되었다.

적들과 전투 중에 중대장이 중상을 입어 중대장이 되었다. 전남부대가 3중대인데 2중대로 들어갔다. 1중대와 2중대는 전투 중대이고 3중대는 후방중대였다. 나중에 1중대 동지들이 희생당하여 전남부대는 2중대가 1중대로 되었다. 그리하여 전남부대는 1중대와 3중대뿐이었다. 마지막까지 잘 싸웠으나 적들의 대대적인 공세로 마지막을 고했다.

1954년 2월 20일 백운산 옥룡골에서 부대와 운명을 같이하여 생포되었다. 나는 중상 상태로 생포되어 밤에 적들의 토굴에 들어갔는데 마침 권영용 중대장이 있었다. 적들은 중상당한 나에게는 한마디도 묻지 않고 중대장에게만 물어본다. 2월 21일 밝아지자 나는 광양읍으로 이송되었다.

권영용 중대장 동지는 남원 고등군법에서 15년 형을 받고 전주교도소로 이송될 순간이었으나 3중대 부중대장이었던 김원섭 놈의 변절 밀고로 사형을 선고받았다.

그리하여 사형수들의 대구교도소 이송에 따라 다른 사형수 동지들과 함께 한 사방에 있었다.

사형이 확정되어 1954년 12월 24일 수색 사형장에서 총살 집행당했다. 당시 유족이 있어 변호사까지 동원했으나 효력이 없었다.

그리하여 오늘에 와서 전국묘소 답사반이 묘소를 찾고 있는데 혹시 유족이 있어 시신이라도 고향 선산에 안치했는지 무척 궁금해하고 있다.

그래서 오늘의 강진농민회에서 권영용 동지 유족을 수소문해 주었으면 한다. 내가 아는 인적 사항은 이것밖에 알지 못한다.

그리고 필자와의 관계는 필자의 조선노동당 입당 보증인이고 1952년부터 1954년 체포될 때까지 생사고락을 같이한 유일한 동지라고 할 수 있다.

참고로 강진농민회에 부탁이 있는데 불굴의 애국투사인 김규호 동지, 강동찬 동지, 권영용 동지 등 세 분 동지의 합동 추모식을 올리기를 바란다. 이 세 분은 강진의 유명한 불굴의 애국 투사들이다. 그래서 김규호 동지 외에 자료 2개를 내 아는 대로 적었으니 참고하기를 바란다.

마침 내년부터 강진농민회 조통위가 추모식을 합동으로 함께 한다고 하니 무척이나 기쁘다.

불굴의 혁명열사 임종윤 동지와 최복삼 동지

임종윤 동지

임종윤 동지는 백운산에서 남태준부대의 참모장을 하다가 1953년 8월 29일 전남부대가 소조를 조직하여 이봉삼 부대장 동지 인솔하에 경남 남해지구 모 지서를 기습했다. 그때 노획한 칼빈, M1를 자기 칼빈 소총과 함께 이중 무장을 하고 뱃사공을 설득하여 노를 저어 섬진강 하류를 건너오다가 적들의 매복에 걸려 전투하면서 건너게 되었다. 뱃사공은 갑판 안에 들어가 있고 전남부대 대원이 노를 젓다가 허벅다리 관통상을 입으면서도 거의 다 건너와 갈대가 강가에 무성한 데서 이젠 다 왔다고 생각하고 뛰어내렸다. 적을 물리치고 강가에 이르러 다 살아 나와 아지트로 돌아왔으나 이봉삼 부대장은 돌아오지 않았다. 이후 시신이 떠올랐다는 정보를 수집한 결과 익사했다는 것을 확인하였다. 그리하여 백운산 진상골 잣나무트를 이봉삼트라고 이름 붙이었다.

임종윤 동지는 남태준부대 참모장을 하다가 전남부대 부대장을 하게 되었다. 1954년 2월 20일 전남부대가 괴뢰군 빨치산 토벌부대와 맞닥뜨려 최후 결전을 백운산의 옥룡골에서 전투할 때 언제나 내 옆에 있었다.

전투 중 내가 중상을 당하자 내 M1 총과 부대장의 칼빈총을 맞바꾸었다. 임종윤 부대장은 격전 속에서 골짜기로 후퇴하여 봉강능선 기슭에서 적의 총탄을 맞고 낙엽 속에 은신하고 있었는데 적들이 불을 질러 얼굴이 다 탔어도 죽은 체하고 있다가 살아났다.

그날 살아난 동지들에 의하여 땅굴 비트에 들어가 치료받다가 적들에게 발각되어 전사하고 말았다.

언제나 전투 중에는 꼭 내 옆에 있었다. 내가 당시 상황판단을 잘하고 잘 싸운다고 신뢰하며 함께 싸웠던 임종윤 부대장 동지를 잊을 수 없다.

최복삼 동지를 잊을 수 없다

최복삼 동지는 전남 구례군 문척 출신으로 기본 출신이며 구빨찌이다.

남태준연대 1연대 부연대장을 하다가 1952년 4월 5일 지리산 전투당부가 창설되어 지리산 문수골에 당부를 쓰고 있을 때 지리산부대 부대장을 하였다.

1953년 1월에 지리산 전투당부가 전부 전남도당으로 소환당했을 때 구례에 속한 인원은 소환 안 되고 나머지는 전부 백운산으로 이동했다. 그리하여 최복삼 동지는 전남부대 참모장으로 마지막을 다할 때까지 싸울 수 있었다. 1954년 2월 20일 전투에서 복부에 적탄을 맞아 남원 이동외과병원에 입원하게 되었다. 치료 중 하체 신경이 마비되어 신경이 통하지 않아 발가락부터 썩어 올라와 결국에는 죽게 되었다. 지금 같으면 다 살릴 수 있는데 놈들은 약이 아깝다고 치료도 해주지 않아 희생되게 되었다.

그 당시 내가 삼시 세 때 밥이 오면 내 밥을 먼저 먹고 나서 몇 침대 떨어져 있는데 가서 밥을 떠먹이기도 했다.

1954년 3월 22일 수용소로 이동할 때 나에게 유언하기를 "안 죽고 살아 나가면 반드시 내가 여기서 죽었다는 것을 알려 달라"고 했다. 그리고 며칠 후에 결국 희생되었다는 소식을 접했다.

불굴의 혁명열사 임종윤 동지와 최복삼 동지시여!

조선 인민의 불구대천의 원쑤인 저 간악한 미제를 구축하는 투쟁 속에 고귀한 생명을 바친 동지들은 조국해방 전쟁에서 한 줌의 흙으로 산화해 간 투쟁의 업적은 길이 남을 것입니다.

이젠 모든 아픈 시름을 후대에게 맞기고 자주통일의 길 위에서 영생하기를 바랍니다.

불굴의 애국열사 강동찬 동지

강동찬 동지는 강진 출신으로 서울 동국대 3학년 재학 중에 조국전쟁이 미제에 의해서 일어났다. 인민군에 의한 해방 세상이 되었을 때 자원해서 의용군으로 입대하여 적들과 투쟁하다가 일시적 9.28 후퇴를 맞이하여 북상했다.

1951년에 내려왔다가 적들에게 체포당하여 무기형을 받고 비전향 장기수로서 대전 4사에 복역할 때 한 사방에 있었다.

강동찬 동지는 누구 못지않게 적들의 무지막지한 탄압과 처우에 언제나 앞장서서 잘 투쟁했다. 앞장서 투쟁하다 보니 소위 곤조통으로 지목되어 무지막지한 고문과 탄압을 많이 받았다.

그리하다 보니 스트레스가 쌓이고 쌓여 신경성 고혈압 환자가 되고 말았다. 적들은 소위 곤조통이라 하여 치료도 제대로 해주지 않아 좁은 공간에서 다람쥐 쳇바퀴 돌듯 하는 겨우 10분의 운동을 하다 혈압이 터져 결국 반신불수가 되고 말았다.

그러함에도 불구하고 적들의 비전향말살책에 의하여 갖은 탄압을 자행했으나 마지막 생을 다할 때까지 올곧게 사상과 양심을 지키다가 우리 곁을 떠나고 말았다.

강동찬 동지는 우리 동지들 중 제일 많이 적들에게 안 죽을 만치 두들겨 맞고도 끙끙 앓으면서도 아프다는 소리 한마디 없을 정도로 적개심과 증오심은 누구 못지않게 강했다.

전주에 이감 가서 고혈압이 터졌을 때 같은 전우인 김도한 선생이 1980년 9월 하순 그의 시에서 다음과 같이 강동찬 동지를 그렸다.

영광된 인민조국 내 사랑 오직 하나
삼십 년 옥살이가 오히려 자랑인걸
안 죽고 기어코 보리 반역도당 소탕을.

〈강동찬 동지 졸도〉에서

김도한 선생은 출옥 후 석방되어 『옥중일월』이란 시집을 출판했다. 그때 이야기 중에 가족관계에 있어서 어머님, 누이, 동생의 많은 이야기를 남겼다고 한다.

이미 김도한 선생은 돌아가시고 없지만 가족 중 누구 한 사람이라도 살아 계시지 않을까 생각한다. 시신도 어딘가 묻혀 있을 것으로 생각한다.

강진의 자랑인 김규호 선생만 묘소가 있지 다른 두 동지는 모르고 있다.

불굴의 애국열사 강동찬 동지시여!

　동지의 일생은 만악의 근원이며 불구대천의 원수인 미제국주의 조선 침략을 물리치기 위해서 용감하게 싸우다가 적들에게 생포 당하여 옥중 삼십 년 투쟁 속에서 혈압까지 터져 마지막 생을 다할 때까지 조국과 민족에 대한 일념을 고수하신 업적은 교도소 투쟁 역사에 한 페이지를 기록하여 길이길이 남을 것이니 이젠 모든 아픈 시름을 잊으시고 자주통일의 길 위에서 영생하기를 바랍니다.

신념의 강자 의리의 화신 공인두 동지

공인두 동지는 경남 진해에서 출생하여 일찍이 조국통일전선에 투신했다.

광복 후 경남 낙동강 동부지구 지구당위원장을 하다가 체포되어 무기징역을 받고 살았다. 필자가 징역을 사는 과정에 광주에서 같이 살다가 비전향 출옥했다.

출옥 후 2개월도 못 되어 또다시 감호처분 되어 청주보안교도소에서 같이 살았다. 사는 과정에 비전향 말살을 위한 고문·구타 과정에 불치의 병 암에 걸리고 말았다.

적들은 제때에 치료해 주지 않아 다 죽게 되자 사회에 있는 병원에 입원시켰으나, 이미 나을 기회를 놓치고 결국 병원에서 죽고 말았다. 이를 우리에게 감추려 했으나 결국 폭로되고 말았다.

당시 사모님은 결혼하고 6개월 동안은 같이 살았으나 투쟁하느라 밖으로 돌아다니기 때문에 같이 살지 못했다.

그뿐 아니라 20년 살고 비전향 출옥했을 때엔 불과 2개월 만에 감호처분을 받고 재구속되었나. 그내 사모님은 그렇게 빨리 잡아넣으려면 교도소에 살도록 내버려 두지 왜 내보냈냐며 잡아가는 경찰을 보고 두 다리를 뻗고 울었다고 했다. 이 이야기를 듣고 적들에게는 인류 도덕이란 것을 찾을 길이 없다는 것을 느꼈다.

적들은 환자에게 치료는 고사하고 아픈 약점을 이용하여 전향공작의 호기회로 이용하기 때문에 건강이 유지되는 것을 천만다행으로 생각하는 것이다.

유족들이 동지의 유분조차 남기지 않고 뿌린 것은 백분 이해되나 앞으로 뿌린 곳을 대를 이어서라도 찾는 노력을 해야 할 것이다.

공인두 선생 동생은 공상두인데 아무리 전화해도 받지 않아 부산범민련 위원장인 이성우 동지께 주소를 가르쳐 주면서 한번 찾아가 보라고 부탁했는데 유분 뿌린 장소라도 알기 위해서, 그렇게 하겠다고 답변을 받고 기다리고 있는 중이다.

그리고 과거사위에 교도소에서 비전향말살책 속에서 희생당한 동지들 중 공인두 동지도 공식적인 결정 통고를 받아 민사소송을 제기하여 배상을 받기 위해서 가족에게 상의했으나 이젠 다 포기하고 미련 없이 살겠다고 반대해서 제기하지 못한 마음 아픈 상처를 남기고 말았다.

불굴의 애국투사 공인두 동지시여!

동지는 가고 없지만 동지의 살아생전 혁혁한 투쟁의 업적은 우리 후

대에게 많은 교훈을 남기고 있습니다. 시신조차 없을 뿐만 아니라 유
분도 남기지 않는 유족들의 마음은 오죽했겠는가를 생각해 볼 때 적
들에 대한 더없는 분노의 감정이 앞을 가립니다.

그 후 사모님은 혼자 살다가 가셨다는 소식을 듣고도 찾아가지 못하
는 아픈 마음을 이해하여 주리라 믿어 의심치 않고 있습니다.

늦게나마 전국묘소답사반이 조직되어 동지들의 묘소를 찾고 있습니
다. 동지의 유분을 뿌린 장소라도 찾아야겠다는 일념을 안고 찾아가고
있음을 널리 이해하여 주시기를 바랍니다.

이젠 모든 아픈 시름을 다 잊으시고 조국통일의 길 위에서 영생하시
기를 바랍니다.

불굴의 애국 투사 박충근 동지

박충근 동지는 전남 영암 출신이다.

전쟁 전부터 지하투쟁을 전개했다. 산에서는 박대화라고 불렸다. 인민군에 의한 해방 세상을 맞이했을 때는 전남도인민위원회 보건부장을 했다. 1950년 9.28 일시적 후퇴를 맞이했을 때는 화순 백아산으로 입산하여 총사 의무과장을 했다. 그리하여 1951년에 적들의 침공으로 의무과 환자들이 다 죽게 되는 찰나에 의무과 환자 동지들을 지키기 위해 칼빈총을 들고 적들과 대치하였다. 그는 한쪽 팔을 잃는 치열한 전투에서 승리하였다. 이로 인하여 영웅 칭호를 받았다. 당시 의사가 적들과 싸워 영웅 칭호를 받은 것은 처음이었다.

김선우 도당위원장 동지는 박대화 동지의 신변 보호를 위해 백운산 당 직속 부대인 전남부대 부정치위원으로 임명하여 백운산 전남부대에서 싸우게 했다. 그래서 필자는 전남부대에서 박대화 동지를 모시고 투쟁하게 되었다.

1953년 7월에 광양군 진상골 장터를 습격할 때 필자는 돌격조로 편입되어, 적들의 보초선으로 들어가며 M1을 쏘며 돌격하여 진입하는 과정에서 탄피가 나오지 않았다. 필자는 탄피를 빼기 위해 뒤로 물러서게 되었다. M1은 탄피가 빠지지 않으면 지팡이로도 쓸 수 없다. 그런 위기 상황에서 돌격조를 부를 수도 없어서 그냥 본대로 돌아와서 박대화 동지를 보위하게 되었다. 내 M1은 후방에 있는 동지에게 주고 박대화 동지의 칼빈을 들고 보위했다.

어느 상점에 들어갔는데 당시 적의 보초선과는 겨우 50m 정도였다. 박대화 동지는 마루에 서 있고 필자는 그 밑에 서 있는데 우리 일행 중 라이터 불을 켠다면서 '빠짝'였는데 이 빛을 보고 적들이 50m 거리에서 기관총을 발사하여 유리가 깨지고 다른 팔 하나를 맞아 결국에는 양팔이 못 쓰게 되었다. 중상당한 박대화 동지를 구출하기 위한 작전에 온 힘을 다하게 되었다. 결국 부대는 적들의 포위망을 뚫는 데 성공하여 무사히 탈출할 수 있었다. 적들의 보초선 앞에서 라이터 불을 켠다는 것은 경각성 해이로 지적되었다.

본 트로 무사히 도착한 박대화 동지는 백운산 상봉 능선 넘어 서골 환자트에서 치료받게 되었다. 이때 서골 환자트에는 이숙정 간호사 동지가 있었다. 박대화 동지는 양팔을 적들에게 총상을 당하여 못쓰기 때문에 누구라도 양팔이 되어주지 않고는 일상적으로 기거할 수 없는 처지에 있었다. 그래서 도당에서는 이숙정 동지 의사를 물어 혼인 서약을 하고 부부로서 환자 비트에서 생활하며 치료받게 되었다.

1953년 12월에 적들은 환자트를 포위 급습하여 모두 생포하였다.

그런데 생포자 중에는 광양군의 지하공작선으로 활동하고 있던 할머니와 아들이 있었다. 이 둘은 적들에게 탄로나 체포될 위험에 처해지자 모자가 입산하여 환자트에서 생활했다. 적들에게 체포되는 과정에서 끝까지 반항하다 할머니는 총살당하고 아들은 체포되어 남원수용소에 감금되었다가 풀려나게 되었다. 지금 살아 있다면 70대인데 생사를 알 수 없다.

박대화 동지는 남원 군법에서 무기형을 받고 공주에서 교도소 살다 출옥했다. 의사는 국제적십자 정신에 입각하여 형을 받더라도 2~3년 받고 나갈 수도 있었으나 재산시 영웅 칭호 받은 것이 탄로가 나서 무기형을 받은 것이다. 의사로서 무기형을 받은 동지는 세계사에 박대화 한 사람뿐일 것이다.

이숙정 동지는 체포되었으나 출소하여 1960년대까지 기다렸으나 그 후 소식은 모르고 있다. 박대화 동지는 출옥 후 일본에 갔다는 설이 있으나 생사여부는 알 길이 없다.

박대화 동지의 일생은 미제와 졸도 국가들의 조선에 대한 침략행위로 말미암아 위대한 조국해방전쟁에서 양팔까지 잃는 상처를 입고도 교도소생활 수십 년을 살고도 자기의 사상적 지조를 굳건하게 지킨 절세의 애국투사이시다.

필자는 보위를 잘못한 데 대하여 자기 비판하는 것이다.

불굴의 혁명 투사 고진희 동지

고진희 동지는 제주 출신으로 한라산에서 빨치산 투쟁을 하다가 1948년 4월 남북제정당 사회단체 평양연석회의에 제주 대표로 김달삼 동지와 함께 참석했다. 남편은 조선노동당 중앙위원회 간부부 부부장 강병찬 동지다.

1950년 해방공간 때 전라남도 여맹위원장으로 부임하였다. 1950년 9.28 후퇴 때 북상하다가 적들의 장벽을 넘지 못하고 강병찬 동지는 희생되고 고진희 동지는 입산하여 이현상부대에서 투쟁했다.

1952년 3월 적들의 대대적인 제1차 공세가 끝난 후 전남도당 지리산 전투지구당부가 결성되어 지리산 문수골에 당부 아지트가 있을 때 왔다.

약 한 달간 당부에서 머물다가 5월경에 광양 백운산 전남도당으로 소환되어 갔었다. 그 후 들은 소식은 지하로 내려갔다가 변절자에 의하여 체포되었다.

도당으로 소환되어 갔었을 때는 전남도 여맹위원장의 직책을 가지고 있있다. 제포된 후 광주경찰서 유치장에 구금되어 취조 중 유치장 감방 똥통에 머리를 박고 자살했다는 비보를 들었다.

필자가 고진희 동지의 모습을 보았을 때 몸이 너무 비대해서 민활하게 활동할 수 없었다. 그리하여 빨치산 투쟁을 연속할 수 있는 건강 상태가 아니었다.

동기 공세 때도 파놓은 지하 비트에 있어 살아남았다는 것으로 알고 있다. 고진희 동지가 희생된 후는 부위원장이던 장삼례 동지에게 전남도 여맹위원장이 승계되었다. 지금 제주도에 살고 있는 사람들 중 고진희 동지를 아는 사람이 별로 없다.

이번 유튜브에 나온 〈한라의 메아리〉 연속극을 보고 아는 범위에서 회고하게 되는 것이다.

제주에 있을 당시 구체적인 행적은 여기저기 기록에 쓰여져 있고 조선에서의 행적도 남아있으리라 생각한다.

불굴의 혁명열사 고진희 동지시여!

1945년 8.15 광복 후 한라산 빨치산 투쟁에서나 위대한 조국해방전쟁 시기에 덕유산, 지리산, 백운산 등지에서나 지하사업을 위한 공작사업에 마지막까지 활동하다 체포되었어도 고문 투쟁 속에서 자결로 혁명의 지조를 지키고 생을 마감한 데 대하여 더없는 아픔을 느끼면서 혁명가는 어떻게 투쟁하다 어떻게 생을 마감해야 하는 가를 생생하게 증명해 주고 있습니다.

부디 늦었지만 대를 이어 길이길이 아로새길 것이니 평안히 잠들기를 바랍니다.

올라온 유튜브의 동영상을 보고 까마득하게 잊어가던 것을 다시 한 번 회상하게 되었다.

불굴의 빨치산 혁명 열사들의 합동 추모제

2024년 10월 5일 경남 함양 도천마을 숲속(지리산)에서 빨치산 혁명 열사들의 합동 추모제가 개최되었다.

전쟁 전후에 남도부사령관은 동부전선에서, 중부전선은 김달삼 동지, 서해전선은 조영표 동지들이 빨치산 투쟁들을 전개하였다.

이번 합동 추모제는 경남북 지리산에서만 3번째이다.

단군조선의 유구한 5천 년의 역사 속에서 제국주의 침략 세력에 의하여 임진조국전쟁, 갑오농민전쟁, 의병투쟁, 김일성 장군의 항일 무장투쟁의 승리로 1945년 광복을 맞이했으나 미제에 의하여 국토는 분단되고 전쟁까지 일으켜 수백만 명의 잔인한 집단 학살과 국토는 초토화되었습니다.

위대한 조국해방 전쟁 전후 시기에 장백산 줄기 타고 뻗어 내린 태백산 오대산 소백산 지리산 덕유산 민주지산 영악산 신불산 가야산 황매산 대둔산 서대산 계룡산 회문산 여분산 운장산 백운산 봉두산

통명산 백아산 모후산 조계산 말봉산 화학산 유치내산 금정산 불갑산 태청산 군유산 한라산 산야에서나 지하에서나 교도소에서나 청춘도 사랑도 재산도 생명까지 다 바쳐 흙 한 줌으로 산화해 간 불굴의 혁명 열사들의 원혼이 구름처럼 떠돌고 있음에 항상 맘 아프게 하고 있습니다.

내 조국과 인민을 위해 이현상 박영발 방준표 조병하 박우현 윤가연 곽해봉 박종근 남도부 남경우 이영회 김선우 김백동 박찬봉 박종하 김지회 리방휴 염형기 박갑출 김영우 김병억 강병찬 고진희 남태준 나정주 김막동 양순기 유몽룡 유상기 최현 배홍순 조갑수 김달삼 이덕구 강경구 이봉삼 남여단장 이청송과 정치위원 조정철 동지를 비롯한 수많은 혁명 열사를 가슴 깊이 새기면서 추모의 정을 표하고 있습니다.

불굴의 혁명 열사들이 살아생전 빨치산 투쟁을 할 당시에는 미제를 비롯한 졸도 국가들을 몰아내기 위한 위대한 조국해방전쟁에서 승리했지만, 지금까지도 점령군으로 들어와 둥지를 틀고 80년 동안 온갖 학살 만행을 자행하고 있습니다.

미제는 대륙침략의 군사 기지화 하기 위해서 반공 식민지 지배에 굳건한 토대를 구축하고 핵전쟁 연습과 심지어 참수작전까지 자행하고 있으니 언제 전쟁이 터질지 모르는 긴박한 상태에 처해 있습니다.

미제를 몰아내지 않고는 영원한 평화와 번영을 누리며 민족 공조로 통일 독립을 이룰 수 없는 현실이 되고 있습니다.

때문에 조선에서는 80년 농안 남북 평화적인 공조로 통일 독립에 종지부를 찍고 남조선의 것들은 변할 수 없는 적으로 규정하고 점령 평정 수습의 단계를 거치는 새로운 전략전술을 마련하여 군사력의 현대화와 핵무력의 고도화로 나날이 승리의 길로 발전하고 있으며 미일한 삼각동맹에 대응하여 조중러 삼각 군사 협정과 세계 반미 반제 세력들을 한데 뭉치고 있는 힘이 미제의 일극 체제를 무너뜨리고 다극화 체제로 완전히 바뀌고 있는 현실 속에 있습니다.

혁명 열사들의 참뜻을 받들어 실천하는 투쟁의 기치를 높이 들고 인민대중들과 함께 자주 통일 투쟁 전선에서 가일층 단결 투쟁으로 최후까지 싸울 것을 영령들 앞에 다짐하는 것입니다.

불굴의 혁명열사들이어!

이젠 모든 아픈 시름을 후대에게 받기고 자주 통일의 길 위에서 영생하기 바랍니다.

2024년 10월 5일 김영승 올림.

신청서

발신 김영승 (010-5242-8155)

수신 진실화해위원회 위원장 (조사 1과 김범식)

주소 인천광역시 중구 신포로35번길 **

이유

제1차 진실화해위원회의 비전향 장기수 53명에 대한 불능 처리한 것을 제2기 진실화해위원회에 이의 신청을 했는데 2023년 11월 14일 기각 통지를 받고 제2의 이의 신청을 하는 것이다.

이유는 비전향으로 있는 한 특별사란 명칭으로 가두어 두고 말로는 행형법에 준한 일반 재소자와 같이 처우해 준다고 하지만 역대 정권은 비전향말살책에 의한 전향자를 한 사람이라도 빼내기 위하여 갖은 압박과 탄압을 자행한 것이다.

1) 비전향자에 대해서는 출역도 시키지 않고 감방에만 있게 한다.

2) 감방에서도 앞 시찰구를 바라보고 감방 복판에 앉아 있게 하고 소변보러 갈 때만 일어서게 하고 앞만 바라보아야 한다. 만일 위반하면 불러내어 두들겨 팬다.

3) 주부식은 5등인데 그나마 다 떼어먹고 30볼트 백열등만한 밥을 준다. 이런 사실을 보고 대전교도소 안상현 의무과장은 이 밥을 먹고는 3년을 못산다고 공공연하게 말하였다. 그리하여 배가 고파 참지를

못하고 전향해 나가는 사람도 있었다. 또한 벌칙이 심하여 밥과 물을 적게 줌으로써 고통을 더 받게 만든다. 당시 취사장 담당 3년만 하면 집과 전답을 산다는 유행어가 있기도 했다. 이처럼 환경을 악화시켜 놓고 그 환경에서 배겨나지 못하게 하면서 비전향말살책을 감행했다.

4) 의무과 치료에 있어서는 약점을 이용하여 전향하면 치료도 잘해 주고 의무과에 입원도 시켜주고 사회에 있는 병원도 나가 진찰도 받게 해주겠다고 의무과 담당 의사들은 말한다. 청주보안감호소에 있을 때 이정문 소장은 죽는 한이 있어도 의무과 입원이나 병원 진찰은 국가의 시책이 있기에 하지 못한다고 하면서 전향을 권고한다. 의무과장은 비전향자에 대해서는 인술을 적용할 수 없다고 말한다. 광주교도소 소장은 김기룡인데 필자가 면담에서 고문·구타하지 말라고 하니까 비전향자로 있는 한은 인간적인 대우를 할 수 없다고 했다. 인간 이하의 처우를 할 수밖에 없다고 말하면서 전향을 권고하였다.

한 예를 들면 청주보안감호소에 이상률 동지가 있었다. 그가 대전에서 교도소살이할 때였는데 운동 나갈 때, 감방에서 변소 보러 나갈 때 갑자기 넘어져 게거품을 하는데 간질을 한다고, 꾀병한다고 두들겨 패기도 했다.

청주보안감호소에 있을 때 독방에서 똥오줌을 싸고 넘어져서 얼굴이나 몸이 성한 데가 없었다. 그래서 몸져눕게 되어 밤에 똥오줌 싸면서 누워만 있게 되니 그때야 비로소 외부병원에 나가 CT 촬영을 하니 뇌낭충이 머리에 거의 씌우다시피 했다. 뒤늦게 뇌낭충 약을 투여했으나 수술할 때가 지나 낫지 못했다. 그런데도 병원에 입원시켜 주지 않고 독방에서 누워만 있으니 등창이 났는데 고약이나 겨우 발라주고 하다가 눈에 흰 창만 남게 되니 그때야 비로소 외부병원에 나가서 죽게 되어 가족에게 알리었다. 부인과 아들들이 와서 원망하며 시신을 고향 땅에 묻었다. 이렇게까지 비전향말살책을 감행했던 것이다. 당시 소장은 이정문이고 보안과장은 오기수이고 교화과장은 악명높은 강철영이었다.

서적 문제에 있어서 전향공작상 필요에 의해서 3권으로 제한하다가 5권까지 받아주었는데 전향공작에 필요한 책만 받아주고 구입하는 책도 마찬가지다.

6) 가족 면회와 외부 면회도 전향공작에 필요성 여부에 따라 좌우되었다.

가족이 오면 한 번은 면회를 시켜준다. 면회 전에 교화과에 불러놓고 전향공작에 필요한 말만 하고 시키는 대로 하라고 훈련시킨다. 청주보안감호소에 있을 때 영광군 홍농읍(당시 홍농면) 칠곡리 출신 최봉식 씨는 자기 부인이 면회를 왔는데 전향하지 않으면 이혼하자고 해서 이혼했다. 이는 교화과에서 시킴에 의한 것이었다. 그 후 사회안전법 폐지로 출감했는데 부인은 다른 데로 안 가고 집에 있었으나 양심의 가책을 받아 인근 밭에 나가 독약을 먹고 자결하였다. 이렇게까지 전향공작을 감행했다.

7) 운동과 목욕 문제에 있어서 독방에 있는 사람은 한 시간인데, 혼

거방에 수용된 비전향수에 있어서는 오고 가는 시간을 합쳐 15분 내지 20분이다. 항상 운동시간과 목욕 시간이 짧다고 싸운다. 들고 나가면서 동지들끼리 눈이라도 마주치면 고개를 끄덕하며 가볍게 인사를 하면 '암호'한다고 트집을 잡아 불러내 두들겨 패면서 전향을 강요한다.

대전 4사에 수용되었을 때 모두 76개 방인데 목욕탕 물은 돼지털이 벗겨질 정도로 뜨겁기에 수건을 적시지 못할 정도다. 그런데 시간은 들고나는데 15분 주는데 언제나 목욕탕에서 때를 뱃길 수 없어서 감방에 들어와서 벗기다가 간부에게 들키게 되면 불려 나가 규율 위반이라고 무조건 두들겨 맞는다. 1964년 3월 8일 공주에서 대전으로 이감 온 박병일 좌익수가 4사에 수용 중이었는데 목욕 시간 짧다고 간수와 실랑이가 있었다. 목욕탕 앞 복도에는 물기가 많아 자칫하면 미끄러져 넘어지는 수가 많았다. 그날도 반항한다고 때려 패는데 구둣발로 차다가 스스로 넘어졌는데 박병일이 밀어서 넘어졌다고 했다. 사방 청소가 거들어 빨리 들어가라고 밀고 당기는 과정에서 목욕탕 문 유리가 한 장이 깨졌는데 박병일이 깼다고 영치금 통장에서 20원을 떼었다.

목욕탕 간수는 관에 보고하여 관구부장이 박병일 동지를 때려 패면서 교도소 안의 교도소인 먹방에 강제로 묶어서 집어넣었다. 얼마나 억울했으면 저녁밥을 먹으라고 뒤 수정을 풀어주었는데 자기가 입은 옷을 찢어 똬리를 틀어 만든 끈으로 철창에 목을 매여 자결하였다. 청소가 들어가 보니 철창에 목을 달아 죽은 시체를 보고 놀라 사람이 죽

구 대전교도소 망루. 현대사 아카이브.

었다고 고함을 치는 바람에 인근 감방 동지들이 알고 전 사방이 다 알게 되었다. 1964년 3월 9일 식전에 내 옆방 모 친구가 "사람 죽이지 마라" 큰소리로 하는 바람에 사방 전체가 "사람 죽이지 말라"고 고함 질렀다. 당시 윤병희 소장은 깜짝 놀라 사방입구에서 총을 쏘고 망루에서도 기관총을 난사했는데 교도소 사상 처음 있는 총포 사격이었다.

이렇게 죽여놓고 불능 처리가 웬말인가

당시 이정문 소장이 부임하여 주부식 문제를 악화시켜 놓고 전향을 강요했다고 당시 대전에 살았던 동지들이 이구동성으로 말했다. 이용훈 동지도 이를 목격하고 처우개선을 요구했으나 묵살하고 전향만 요구하니 무기형을 살고 있는 상태 속에서 전향하지 않는 한 살아 나갈 희망이 없다고 생각하는 데서 자살한 것이다. 그런데 어찌 이를 불능 처리할 수 있단 말인가. 그 후에 황필구 동지도 마찬가지다.

광주나 전주 대구나 청주보안감호소나 마찬가지다. 비전향자로 있는 한 직접 고문·구타를 당하지 않는 사람은 한 사람도 있지 않다는 것을 참작한다면 불능 처리란 결정을 할 수 없다. 모두 함께 비전향말 살책에 의해서 희생당하였다고 결정 내리는 것이 마땅하다. 그리고 불능 처리 후에는 민사소송을 제기하여 사법부에서도 역사상 처음으로 인정한 사실이다. 그러함에도 불구하고 진실화해위원회조차 불능 처리한다는 것은 숫자를 줄이기 위한 술책으로밖에 생각되지 않는다.

소위 법치국가에서 사상 양심의 자유가 있는데 이렇게 장기간 구금시켜 놓고 비전향말살책을 감행했던 것은 세계사에 대한민국밖에 없다는 것이다. 같이 살았던 동지들이 다 죽고 없는데 증인을 요구하는 것은 인정하지 않겠다는 것과 다름없다.

고문·구타에 직접 희생된 사람이나 스스로 견디지 못하고 자살한 사람이나, 병들어 죽은 사람이나 개인 간에 경중의 차이는 있을 수 있으나 어느 한 사람도 고문·구타를 당하고 악화된 환경 속에서 겪지 않은 사람은 한 사람도 없다는 것을 인정하고 결정을 내릴 것을 강력히 재촉구한다.

살아 있는 비전향 장기수로서 증언해 줄 사람은 전주에 살았던 양희철 동지와 필자뿐임을 통고한다. 아무리 윤석열 보수정권이라 하지만 사람을 죽여놓고 책임지지 않는 것은 있을 수 없는 것이다. 이번은 마지막 기회다. 재숙고하여 결정을 내려 주기를 바란다.

그리고 국가인권위원회에 신청한 비전향 장기수 다섯 명에 대한 고문·구타에 학살당한 대전교도소에서 희생된 최석기 씨와 박융서 씨, 전주교도소에서 희생된 탁해섭 씨, 대구교도소에서 희생된 손윤규 씨, 청주보안감호소에서 희생된 김용성 씨와 변형만 씨를 정권이 죽여놓고 이에 대한 사죄나 국가적 보상 하나도 받지 못하고 지금까지 왔는데 이에 대한 것도 조사하여 대책을 강구해 주어야 할 것이다.

2024년 2월 15일 비전향 장기수 김영승

작가의 말

나는 15살 나이에 빨치산이 되어 18살에 체포되고 54살에 석방되었다. 석방된 이후 나의 삶 역시 자유롭지는 않았다. 늦은 나이에 세상에 나오다 보니 사회에 적응하기도 어려웠다. 그럴 때마다 통일운동에 뜻을 같이하는 동지들의 도움이 컸다.

그들의 도움으로 2022년 10월에 소년 빨치산이 되어서 투쟁하던 과정을 회고한 책『김영승 회고록』이 나올 수 있었다.

이 책은 회고록 그 이후의 얘기로 백운산에서 토벌대에 체포된 이후 35년 이상 교도소 생활을 하면서도 신념을 지키며 투쟁하던 나와 나의 동지들의 기록이다.

나에게 교도소는 휴식 공간이 아니라 혁명 전선에 다시 진출하기 위한 준비기간이었다.

교도소를 몇 년 살았는가 그 기간이 중요한 것이 아니라 어떻게 살았는가 하는 것이 중요한 것이다.

이러한 관점에서 비전향말살책에 의하여 자살하고, 맞아 죽고, 얼어 죽고, 굶어 죽고, 병나 죽고 하는 인간 이하의 처우 속에서 어떻게 싸워왔는가이다.

내가 경험한 교도소를 순서대로 나열하면 대구교도소, 김천교도소, 안동교도소, 대전교도소, 목포교도소, 다시 대전교도소, 광주교도소, 마지막 청주보안감호소였다.

이들 교도소 중에서 제일 잔인한 곳이 대전교도소였다. 대전교도소는 교도소 안에 교도소가 있다. 이 교도소는 먹방이다. 징벌방이라고도 한다. 이 먹방은 비전향자들의 저항을 무마시키는 수단으로도 이용했다.

내가 산 교도소는 전국 비전향교도소인 대구, 광주, 대전, 전주 4개 교도소 중 전주교도소를 제외하고 모두 살았다. 이들 교도소에 비전향자 동지들이 각 특별사에 수용되어 적들의 비전향말살책에 의한 각종 고문과 테러를 당하였다.

상상을 초월하는 고문과 테러 속에서 조국과 인민을 위하여 그리고 자신의 사상을 지키려다 할 수 없이 자살하는 동지들이 있는가 하면 본의 아니게 전향한 동지들도 있었으며 본인처럼 끝까지 안 죽고 살아 남아 비전향으로 출옥한 동지들도 있었다.

35년 6개월 살고 비전향 출옥했지만 적들의 물샐틈없는 감시는 계속되었다. 그 속에서도 나는 내가 해야 할 일이 무엇인가 늘 고민했다. 그 첫 번째가 먼저 간 빨치산들의 흔적을 찾는 일이었다. 그래서 사회에서 새롭게 만난 뜻을 같이 동지들과 함께 빨치산 전적지를 답사했다. 그 성과가 이 책에 담겨 있다.

이 책에는 35년이라는 기나긴 나의 옥중 투쟁도 있지만, 나와 함께

옥에서 투쟁했넌 동지들의 처절한 투쟁과 아픔이 있다. 그리고 전적지를 답사하면서 그 속에서 만나게 되는 빨치산 영웅들의 이야기가 있다.

보위병으로서 내가 모셨던 분들은 모두 전사했다. 전적지를 답사할 때마다 내가 부족해서 이분들이 먼저 가셨나 반성하게 된다. 나의 책에 실린 이분들의 흔적이 작은 위로라도 되기를 바란다.

이 책이 나올 때까지 많은 분들이 도움을 주었다.

원고 검증에 노력해 주신 전 전농의장 한도숙 선생님과 박동기 선생님, 온갖 궂은 일을 도맡아 하며 출판사와 가교역할을 해준 김상준 PD님, 진달래산천팀과 전국묘소답사반 동지 여러분 감사합니다. 사진을 제공해주신 조성봉 감독님 그리고 이 책이 세상에 나올 수 있도록 기꺼이 출판해 주신 매직하우스 백승대 대표님 감사합니다.

여기에 미처 적지 못한 통일운동의 한 길 위에서 만나 함께 싸우고 있는 동지 여러분 감사합니다.

2024년 11월 10일
글쓴이 김영승 올림

소년 빨치산 **김영승**과
그의 **동지들**

초판 1쇄 인쇄 2024년 11월 20일
초판 1쇄 발행 2024년 11월 25일

지 은 이   김영승
디 자 인   김은정
펴 낸 이   백승대
펴 낸 곳   매직하우스

출판등록   2007년 9월 27일 제313-2007-000193
주   소   서울시 마포구 모래내로7길 38 605호(성산동, 서원빌딩)
전   화   010-2330-8921
팩   스   02) 323-8920
이 메 일   magicsina@naver.com
I S B N   979-11-90822-35-0

*책값은 표지 뒤쪽에 있습니다.
*파본은 본사와 구입하신 서점에서 교환해드립니다.